이 건 희
개혁 10년

이건희 개혁 10년

1판 47쇄 발행 2013. 12. 12.
1판 48쇄 발행 2017. 5. 27.

지은이 김성홍 · 우인호

발행인 김강유
발행처 김영사
등록 1979년 5월 17일(제406-2003-036호)
주소 경기도 파주시 문발로 197(문발동) 우편번호 10881
전화 마케팅부 031)955-3100, 편집부 031)955-3250 | 팩스 031)955-3111

글 · 사진 저작권 ⓒ 제일기획
이 책의 저작권은 저작권자에게 있습니다. 저작권자와 출판사의 허락 없이
내용의 일부를 인용하거나 발췌하는 것을 금합니다.

Copyrigh ⓒ 2003 by Cheil Communications Inc.
All rights reserved including the rights of reproduction
in whole or in part in any form. Printed in KOREA.

값은 뒤표지에 있습니다. ISBN 978-89-349-1382-5 03320

독자 의견 전화 031)955-3200
홈페이지 www.gimmyoung.com   카페 cafe.naver.com/gimmyoung
페이스북 facebook.com/gybooks   이메일 bestbook@gimmyoung.com

좋은 독자가 좋은 책을 만듭니다.
김영사는 독자 여러분의 의견에 항상 귀 기울이고 있습니다.

이 건 희
개혁 10년

김성홍 · 우인호 지음

SAMSUNG

김영사

해외언론이 바라본 삼성 신경영

삼성그룹의 지휘권을 물려받은 뒤로 이건희 회장은 대담한 리더십을 발휘해 왔다. 유행의 선도를 중시하고 현실 안주를 기피하는 삼성문화의 건설에 앞장서 왔다. 전문가들은 삼성의 활기찬 생명력은 책임감, 디자인, 품질관리를 개선한 그의 개혁에서 나왔다고 생각한다. 실제로 1993년 실시한 이 회장의 개혁 덕택에 삼성은 아시아의 금융위기 때 무사히 살아남았다. 오늘날 삼성의 주식 중 적어도 300억 달러어치는 외국인 투자자들이 소유하고 있다. 아마도 아시아의 어느 기업보다 많은 양일 것이다. 많은 투자자들은 틀림없이 삼성의 개방성과 자체 개혁의지에 매력을 느꼈을 것이다. 삼성의 부상이 워낙 인상적이다 보니 이제는 일본의 경제 신문들도 삼성을 칭찬하기에 바쁘다.

삼성은 금융위기를 무사히 넘긴 유일한 재벌이었다. 한국 기업들의 모범이 될 만했고 실제로도 모범이 됐다. 현재 삼성은 한국 역사상 그 어떤 기업보다도 더 막강한 힘을 갖고 있다. | 2003년 11월 24일 〈뉴스위크〉 |

Since he took the helm of Samsung, Lee's corporate leadership has been bold. He's instilled a company culture that values trendsetting and shuns resting on laurels. Analysts credit his reforms — which improved accountability, design and quality control — for Samsung's dynamism. Indeed, changes Lee imposed in 1993 are what saved the company from dismemberment during the Asian financial crisis. Today foreign investors hold at least a $30 billion stake in Samsung, perhaps more than in an other company in Asia; many, no doubt, were attracted by Samsung's openness and willingness to reform itself from within. Samsung's rise is so impressive that even the Japanese financial press now sings its praises. Samsung was the lone major chaebol to survive the crisis intact. On the one hand, it can be — and is — held up as a model for Korean companies. Lee's conglomerate now holds more power than any other firm in the country's history.

이건희 회장의 선견지명을 단적으로 나타내는 것은, 주위에서 삼성이 호조를 보이고 있다고 생각하는 시기에 삼성은 장래를 내다보며 개혁을 한다는 점이다.
| 2002년 9월 28일 〈주간 다이아몬드〉 |
李健熙會長の先見性を端的に表しているのは,傍目には好調を維持していると思われている時期に,將來を見通して改革のナタを振るつたことにある。

여기에 무슨 일이 일어나고 있는가? 삼성은 운이 좋은 것인가 아니면 훌륭하게 일을 수행하고 있는 것인가? 후자라는 주장이 있다. 1987년 취임한 이건희 회장의 리더십 아래, 삼성은 비범한 민첩함을 지닌 대기업으로 변모했다는 명성을 키워 왔다. UBS워버그 사(社)의 크리스 딘우디 애널리스트는 삼성을 가리켜 '개조의 거장 (Master of Makeovers)' 이라고 말한다. | 2003년 1월호 〈레드헤링〉 |
So what's going on here? Is Samsung lucky or just really good at what it does? There's an argument to be made for the latter. Under the leadership of Kun-Hee Lee, who took the helm as chairman in 1987, the company has developed a reputation as a shape-shifting conglomerate of uncommon agility. UBS Warburg analyst Chris Dinwoodie calls Samsung a "master of makeovers."

올해 60세의 이건희 회장은 오히려 '파격적' 이라는 평가를 자주 듣는다. 삼성전자의 많은 경영진들은 지금도 이 회장과의 인상적인 첫 만남을 떠올리면 약간의 두려움에 사로잡힌다. 그때 이 회장은 자신의 책상 위에 놓인 삼성전자 생산품들을 일렬로 진열한 후 하나하나 망치로 부수면서 '모두 다시 만들 것' 을 지시했던 것이다. 이러한 이 회장의 충격 요법은 분명 오늘날 특효약이었던 것으로 판명되고 있다.
| 2003년 3월 16일 〈디 벨트〉 |
Man könnte den 60-järigen Chairman an der Spitze von Samsung sogar als unkonventionell bezeichnen. Mit Ehrfurcht erinnern sich heute noch die Topmanager von Samsung Electronics an ihre wohl eindrucksvollste Begegnung mit Lee: Fein sauberlich hatte der stets korrekte Mann die Produkte aus eigenem Haus auf einem Tisch aufgereiht und vor den Augen der Verantwortlichen mit dem Hammer zertrümmert. "Machen Sie alles neu", rief er ihnen dabei zu. Kun-Hee Lee ist nicht das, was man in Korea einen typischen Konzernchef nennt.

1990년대 초에 이 회장은 중국 제조업체들이 조만간 한국 공장에 비해 저렴한 전자제품을 생산하게 될 것이라고 예견했다. 그는 삼성이 보다 좋은 제품을 고가에 팔아야 한다고 주문했으며 경영진들에게 낮은 품질의 제품을 망치로 부숴 버리고 "마누라와 자식들을 제외하고 모두 바꾸라" 는 구호를 외치게 했다.
| 2002년 7월 15일 〈뉴스위크〉 |
In the early '90s, Lee correctly predicted that Chinese manufacturers would soon be able to produce cheaper electronics than Korean factories. He directed Samsung to sell better wares at higher prices and gathered execs together to smash their low-quality products with hammers while they shouted, "Change everything but your wife and children!"

이 회장은 '신경영'에서 특별히 품질 관리와 변혁의 핵심을 강조했고, 당시 유행하던 '수량 중심'이라는 사상을 철저히 바꿨다. 이 회장은 차례로 1,800여 명의 사내 중역들과 회의를 하였고 1993년 6월 7일 독일 프랑크푸르트에서 '신경영'을 선언함으로써 개혁의 신호탄을 쏘아 올렸다. |2003년 6월 27일 〈경제일보〉|

爲此, 他在"新經營"理念中, 特別强調以質量管理和力求變革爲核心, 徹底改變當時盛行的"以數量爲中心"的思想。李健熙會長先后同三星1800多名中高層人員一起召開會議, 并于1993年6月7日, 在德國法蘭克福提出了"新經營"宣言, 以破釜沈舟的氣勢吹響了"新經營"的號角。

'신경영'을 통해 삼성은 품질로 승리하는 건전한 발전을 할 수 있었고 삼성의 새로운 기업문화를 창조해냈다. 1997년 아시아 금융위기로 한국 대기업들이 무너졌다. 그러나 견실한 삼성은 위기를 무사히 넘겼을 뿐 아니라 당당한 모습으로 국제시장에 나설 수 있었다. '신경영' 개혁의 공로는 인정하지 않을 수 없다.
|2003년 6월 27일 〈경제일보〉|

"新經營"使三星步入了品質取胜的良性發展軌道, 創出了三星嶄新的企業文化, 1997年的亞洲金融危机使得韓國大企業先后倒下, 然而身强体健的三星却挺了過來, 并在國際市場上脫穎而出。"新經營"改革, 功不可沒。

"반드시 1명당 1대의 무선 단말기를 가지는 시대가 온다. 전화기를 중시하라." 삼성의 이건희 회장은 1990년대 초 휴대폰 사업의 강화를 지시했다. 초기 전화기에 불량품이 발생하자 15만 대를 모두 회수해 구미 공장에 모았다. 그러고는 직원들과 함께 "두 번 다시 이런 상품은 만들지 않는다"고 강조하며 소각 처분했다.
|2003년 6월 18일 〈일경산업신문〉|

"必ず一人一台無線端末を持つ時代が來る。電話機を重視しろ。"サムスングループの李健熙會長は九十年代始めに携帶電話機事業の强化を指示した。初期の電話機で不良品が出ると十五萬台をすべて回收。龜尾工場に積み上げさせた。社員とともに"二度とこういう商品は造らない"と誓い、燒却處分した。

삼성전자가 전체 계열사의 중심 기업으로서 세계 초일류기업으로 성장한 것은 국내 일류 기업에 만족하지 않고 "변하지 않으면 살아남을 수 없다. 마누라와 자식들을 제외하고 모두 바꾸라"라고 주장하는, 1993년 시작된 이건희 회장의 '신경영' 실천에 의한 것이라고 할 수 있다. 이는 지금까지의 '양적 성장 방식'을 중단하고 '질경영'으로 전환하지 않으면 삼성이라고 해도 국제적으로 경쟁할 수 없다는 위기감에 의한 것이다. |2003년 1월 21일 〈주간 이코노미스트〉|

サムスン電子がグループ中核企業として世界の超一流企業になれたのは、國內一流企業にあまんじることなく、"變わらなければ生き殘れない。妻と子供以外はみな變えよ"という93年に始めた李健熙會長の"サムスン新經營"の實踐に負うところが大きい。これまでの"量的成長方式"をやめ、"質中心の經營"に轉換しなければ、サムスンといえども國際的には滅びかねないという危機感があつた。

머리말

삼성 신경영, 아직 끝나지 않았다

삼성의 개혁 작업이 2003년 6월 7일로 꼭 10년을 맞았다. 지난 1993년 6월 이른바 '프랑크푸르트 선언'으로 막이 오른 삼성의 개혁 작업은 삼성의 체질을 획기적으로 바꿨다는 평가를 받고 있다.

당시의 삼성전자는 국내에서 금성사(현 LG)와 치열한 경쟁을 벌였던 가전부문 후발업체로서, '3만 명이 만들고 6,000명이 고친다' 는 말이 있을 정도로 애프터서비스를 강점으로 내세웠다. 하지만 이건희 회장은 이런 강점을 역설적으로 '말기 암 환자'에 비유했다. 중공업은 영양실조, 건설은 영양실조에다 당뇨병, 종합화학은 선천성 불구기형. 이건희 회장은 10년 전 주력 사업들을 이렇게 중증 환자에 비유했다. 그리고 이때부터 이 회장의 강력한 개혁 주문이 계속 이어졌고 변화는 쉼 없는 격랑을 탔다.

지난 10년은 20세기에서 21세기로 넘어가는 세기말이자 산업화 시대에서 정보화 시대로 넘어가는 변화의 분수령이었다. 세기말적 변화를 앞두고 초일류기업과의 경쟁에서 살아남을 수 있는 경쟁력을 갖추지 않으면 생존을 보장받을 수 없다는 판단 하에, 이 회장은 결국 질(質)경영으로 대변되는 새로운 경영을 선포하게 된다. 바로 '삼성 신(新)경영' 이었다. 신경영은 변화하지 않으면 생존을 보장받을 수 없지만, 환골탈태하면 새로운 지평을 열 수 있다는 평범한 교훈을 기업들뿐만 아니라 우리 사회 전반에 던져 주었다. 우리 사회의 모든 잠자고 있는 의식을 일깨운 혁명적, 실천적 메시지였다.

"1년 간 회사문을 닫는 한이 있더라도 제품 불량률을 없애라"며 품질경영을 위해 500억 원어치 불량품을 소각하는가 하면, 개인의 능력 계발을 위해 7·4제라는 출퇴근 혁신을 일으켰고, 핵심 인재를 확보하기 위해 떠난 인물도 다시 등용했다. 또한 조직 활성화와 개인의 창의력 발휘의 바탕이 된다는 신념 하에 동기부여를 위한 인센티브를 제공했으며, 협력업체 대표를 삼성의 사장처럼 예우함으로써 중소 협력업체와의 공존공영 체제를 구축했다.

그 결과 국제통화기금(IMF) 체제라는 초유의 경제위기를 극복하는 등 숱한 위기를 넘기며 세계 일류의 대열에 동참할 수 있었고, 간판기업인 삼성전자는 2000년 들어 세계 정보기술 기업의 상위 리더보드에 이름을 올려놓게 되었다.

삼성그룹의 지난 1992년 세전 이익은 2,300억 원에 불과했지만 2002년 말에는 무려 15조 원으로 66배나 늘었다. 같은 기간 부채비율은 336퍼센트에서 65퍼센트로 엄청나게 낮아졌고, 시가총액도 3조 6,000억 원에서 75조 원대로 20여 배가 넘게 껑충 뛰었으며, 이익은 같은 기간 전체 상장기업이 거둔 이익의 61퍼센트를 차지했다. 뿐만 아니라 삼성의 브랜드 가치는 세계 1위의 브랜드 가치 증가율을 보이며 108억 4,600만 달러(13조 152억 원)로 상승했고, 10년 만에

66배 수익 증가, 메모리반도체·평면 TV 등 18개 제품에서의 세계시장 리더 등을 이룩하면서 외국 투자가들이 가장 선호하는 기업이 되었다. 또한 삼성이 끊임없이 벤치마킹의 대상으로 삼았던 일본 소니의 이데이 노부유키〔出井伸之〕회장조차 임직원들에게 "삼성을 배우라"고 할 정도로, 삼성은 국내외적으로 그 위상을 높이게 되었다.

지난 10년의 개혁 작업은 톱다운 방식으로 전개되면서 적잖은 갈등과 혼선을 낳고, 어려움도 겪었다. 과감한 발탁인사는 삼성의 강점인 조직을 흔들어 놓았고, 삼성인의 자존심으로 간주돼 온 조기출퇴근제인 7·4제 역시 시대 변화에 대응하기 위해 각 사업장에 맞게 융통성 있게 시행하는 것으로 변경하기도 했다. 하지만 이건희 회장의 강력하고도 탁월한 리더십과 경영에 대한 끝없는 집념과 열정, 그리고 합리성에 기반한 구조조정본부의 조정능력, 두터운 전문 경영인층의 형성으로 이 모든 위기를 극복할 수 있었다.

삼성 신경영은 삼성 제품이 세계 1등을 하고 서비스가 선진 수준에 오르고 경영 시스템이 세계 일류 기업 수준이 될 수 있도록 꾸준히 개혁하자는 것이다. 그 신선한 변화와 개혁의 바람은 아직 끝나지 않았다. 변화와 혁신을 통해 일류 기업을 넘어 초일류기업, 존경받는 글로벌 기업으로 나아가기까지 쉼 없이 계속될 '진행형'인 것이다. 이것은 21세기 초일류기업으로 성장하기 위해 반드시 필요한 생존전략이다. 삼성은 다시 '준비 경영'에 몰두하고 있다. 지금의 사상 최대 이익에 안주하는 것이 아니라 미래에 뭘 먹고살 것인지를 위해 또 다른 변화의 길을 찾고 있는 것이다. 회장을 비롯한 삼성의 관심은 오로지 미래를 향하고 있다.

 이 책은 『헤럴드경제』 신문의 재창간 기획특집 기사를 재구성해 만들었다. 특집은 급격하게 변해가는 세계 경제의 새로운 환경 속에서 '기업은 어떻게 변화된 환경을 극복하고 살아남을 수 있을 것인가'라는 질문과 그 해답을 던져주고자 기획되었다. 2003년 5월부터 6개월간 초(超)장기 시리즈로 추진된 특집을 위해 필자들은 삼성 전현직 CEO 40명을 포함해 100명이 넘는 신경영 주역들을 만나 생생한 증언을 토대로 경영 현장의 분위기를 최대한 그대로 전달하기 위해 노력했음을 밝힌다.

 이 책이 나오기까지는 많은 사람들의 노력이 있었다. 특히 공개하기 힘든 내부 자료에서부터 중요한 문건들을 제공해 준 삼성 홍보팀의 협조에 감사드린다. 그리고 김영사 경제경영서팀과 함께 책의 전체적인 출판기획과 진행을 맡아 준 제일기획에 감사드린다.

필자들을 대신하여   김성홍

차례

해외언론이 바라본 삼성 신경영 4

머리말
삼성 신경영, 아직 끝나지 않았다 8

1 잠자는 삼성을 깨워라

막이 오른 신경영 18
삼성 신경영의 이모저모
신경영 개혁의 주인공 – 이학수 삼성 구조조정본부장과의 인터뷰 34

몸으로 개혁을 느껴라 36
삼성 신경영의 이모저모
1995년 어느 삼성맨의 하루 – 심의경 삼성전자 인사팀 차장 44

중국 시장 전략 수정과 실행 46

유럽의 일류문화를 경험하라 49
삼성 신경영의 이모저모
행정혁신 이끈 혁명의 전도사 – 이건희 회장과 이와구니 씨의 만남 55

IMF 극복과 신경영 58
삼성 신경영의 이모저모
이건희와 잭 웰치의 개혁 스타일 비교 64

종합적인 정보 인프라 구축의 필요성 66
삼성 신경영의 이모저모
삼성의 기록문화 72

2 삼성의 혼을 담아라

월드베스트 삼성을 향해 76

삼성만의 아이덴티티를 찾아라 82
삼성 신경영의 이모저모
10년 만에 이뤄낸 삼성의 디자인 혁명 – 후쿠다 고문과의 인터뷰 87

한데 모아 시너지 효과를 높여라 90

국민·정부·기업의 삼위일체론 98
삼성 신경영의 이모저모
'잠옷' 입은 내가 어떻게 정치하나 – 이건희 회장의 정치관 104

유럽 강소국을 배우자 106

빈민 문제 해결은 대기업의 몫 113

협력업체와 한몸이 되라 118

제품에 '문화'를 담아라 126

편법과 부정이 없는 기업 132

3 신경영이 이루어 낸 월드베스트의 신화

잿더미에서 피어난 애니콜 신화 140

아스트라, 또 하나의 명품 도전 147
삼성 신경영의 이모저모
골프에서 배우는 신경영 정신 – 이건희 회장의 골프 경영학 152

일류 주거문화 창조, 타워팰리스 154
삼성 신경영의 이모저모
적자 나더라도 부실은 안 된다 – 이건희 회장의 건설관 160

고감도 서비스를 추구하라 162

첨단업종은 시간산업, 무조건 앞서라 169
삼성 신경영의 이모저모
이건희식 '업'의 특성 176

브랜드 가치와 스포츠 마케팅 178
삼성 신경영의 이모저모
실적보다 미래 결실 위한 인재 키우기 – 스포츠 인재론 184

세계 1등 제품 키우기 186
삼성 신경영의 이모저모
사회여론을 자발적으로 선도하라 – 이건희 회장의 홍보철학 192

4 기업경영의 핵심은 인재다

미래 사업의 열쇠는 사람 196

여성인력을 과감히 수용하라 203
삼성 신경영의 이모저모
삼성은 글로벌 인재육성의 장 – 인재의 멜팅포트 208

CEO는 전천후 인간이 되라 210

떠난 사람도 필요하면 재기용하라 217
삼성 신경영의 이모저모
삼성과 현대의 스카우트 전쟁 – 김광호 전 삼성전자 부회장 222

인재양성과 기술중시의 현장 224

5 일류를 넘어 존경받는 기업으로

한 방향으로 나아가라 232

혁신과 인재중시의 경영 마인드 238

내가 본 이건희 회장 240
이 회장은 안하는 듯하면서 다하는 스타일(강영훈 전 총리)
방향만 잡아 제시하는 현대형 지장(智將)(박용성 대한상의 회장)
일본이 배워야 할 삼성의 경영 노하우(이우에 사토시 산요전기 회장)
원칙과 기본을 중시하는 사려 깊은 철학자(이경숙 숙명여대 총장)

삼성 개혁의 용어들 247

1
잠자는 삼성을 깨워라

막이 오른 신경영

프랑크푸르트 선언

'후쿠다 보고서'로 개혁 촉발

1993년 6월 4일, 일본 도쿄 오쿠라 호텔에서 이건희 회장 주재로 삼성전자 기술개발 대책회의가 열렸다. 삼성의 임원진과 후쿠다 삼성전자 디자인 고문 등 10여 명이 몇 시간 동안 머리를 맞댔다.

무거운 분위기 속에 회의를 끝낸 이 회장이 삼성 임원들만 돌려보내고 후쿠다 고문을 포함한 서너 명의 일본측 고문을 따로 객실로 불러들였다. 이들은 일본 전자업체의 선진 기술을 전수받기 위해 이 회장이 지난 1988년부터 직접 스카우트한 인물들이다.

"그동안 삼성전자에 대해 보고 느낀 점을 허심탄회하게 얘기해 주세요."

이 회장이 짧은 한마디로 침묵을 깼다. 예사롭지 않은 눈빛을 보고 그의 심중을 눈치챈 고문들은 처음에 잠시 머뭇거렸으나 하나둘 말문을 트기 시작했다. 시간이 지나면서 삼성전자의 문제점은 적나라하게 쏟아져 나왔고, 마치 삼성전자 성토장이라도 된 듯 분위기가 점점 변해갔다. 대화는 밤을 하얗게 지새도록 이어져 저녁 6시쯤 시작된 회의가 이튿날 새벽 5시가 돼서야 끝이 났다.

이 오쿠라 호텔 회의에서 가장 주목할 부분은 후쿠다 고문의 발언 내용과 향후 그의 역할이다. 후쿠다 고문은 뜻밖에도 이 자리에서 이 회장에게 삼성전자에 대한 문제점을 담은 「경영과 디자인」이라는 보고서를 전달하게 된다. 이것이 바로 이른바 '후쿠다 보고서'다.

 후쿠다 보고서는 1989년 삼성전자 정보통신 부문 디자인 고문으로 영입된 후쿠다 시게오 씨가 자신이 일하는 과정에서 겪었던 삼성 디자인 부문의 문제점을 정리한 보고서다. 삼성전자가 확보해야 할 기술에 관한 제언, 상품개발 프로세스에 관한 제언, 사업부제 실시에 따른 디자인 매니지먼트 방안 등 크게 세 부분으로 이뤄져 있는데, 특히 경영자와 디자이너 간의 시각차를 조명하고 있다.

 후쿠다 보고서로 밤샘 회의를 마친 이 회장은 다음날 오후 독일 프랑크푸르트로 향했다. 그는 비행기 안에서 후쿠다 보고서를 몇 번이고 정독했다. 전날 밤 고문들과 나눈 대화 내용을 하나하나 떠올리면서 이 보고서의 내용들이 조목조목 맞다는 생각이 들었다. 그와 동시에 말할 수 없는 분노를 느꼈다. 1987년 12월 회장에 취임했던 순간부터 6년여 세월이 파노라마처럼 자신을 휘감았고 끊임없이 강조해온 '질(質)경영'이라는 단어가 뇌리를 스쳤다.

 이 회장은 결국 자신의 노력이 이렇게 헛수고가 되고 말았다는 생각에 탄식이 흘러나왔다. 그러나 개혁에 대한 강한 의지, 깊은 깨달음의 순간이었다.

카메라에 찍힌 불량 세탁기

그날 프랑크푸르트를 가기 위해 하네다 공항을 떠나려는 이 회장에게 삼성비서실 SBC팀(삼성 사내방송팀)이 제작한 비디오테이프 한

개가 전달되었다. 삼성전자의 세탁기 조립 과정을 생생하게 담은 30분짜리 영상물이었다. 이 비디오테이프가 이른바 삼성전자 '세탁기 사건'의 발단이었다.

프랑크푸르트에 도착한 이 회장은 호텔에 도착해 여장을 풀자마자 그 비디오테이프를 틀었다. 그런데 그 테이프에는 세탁기 제조 과정에서 불량품 양산 과정이 있는 그대로 취재돼 담겨 있는 게 아닌가. 이 광경을 지켜보던 이 회장은 곧바로 서울의 이학수 비서실 차장(현 삼성 구조조정본부장)에게 전화를 걸었다. 이 회장은 "지금부터 내 말을 녹음하라"며 벽력 같은 호통과 함께 강경한 어조로 지시하기 시작했다.

"내가 수년간 질경영을 그렇게 강조했는데도 변한 게 고작 이겁니까. 사장들과 임원들 전부 프랑크푸르트로 집합시키시오. 이제부터 내가 직접 나섭니다."

겨우 정신을 차린 이 차장은 이 회장의 지시대로 녹음 내용을 사장단에 들려주었다. 이 회장이 이처럼 화를 낸 것은 그날이 처음이었다. 이날 이 회장과 이 차장 간의 통화내용은 그대로 녹음돼 지금도 삼성의 사장단과 임원 교육자료로 활용되고 있다.

이 회장의 불호령을 받은 삼성 핵심 경영진 200여 명은 허겁지겁 프랑크푸르트행 비행기에 몸을 실었다.

6월 7일, 프랑크푸르트 켐핀스키 호텔. 이 회장이 비장함이 역력한 표정으로 비상경영 회의장에 모습을 드러내자 참석자들은 극도로 긴장했다. 이 회장은 삼성의 문제점을 낱낱이 지적하면서 질경영의 실패를 질타해 나갔다. 그러고는 이 자리에서 질경영으로 대변되는 새로운 경영을 선포하게 된다. 그것이 바로 '삼성 신(新)경영'이다.

사실 프랑크푸르트 선언이 있기 전인 1992년 한 해 동안 이 회장은 고민에 고민을 거듭해 왔다. 1987년 회장에 취임하고 이듬해 회장 취임 1주년을 맞아 그해 12월 제2창업을 선언한 이래 끊임없이 변화와 개혁을 강조해 왔지만 몇 년 만에 돌아온 것은 '공염불'. 허탈감만 커져 갔다. 심지어 이 회장은 1992년 여름부터 겨울까지 심한 불면증에 시달리기까지 했다. 이대로 가다가는 사업 한두 가지를 잃는 게 아니라 삼성 전체가 사라질지도 모른다는 위기감마저 엄습해 왔다. 한 끼에 불고기 3인분을 먹어야 직성이 풀리는 이 회장이 하루 한 끼 간신히 먹을 정도로 식욕을 잃었고 체중은 10킬로그램 이상 줄어들었다.

이듬해인 1993년 3월 또 하나의 사건이 터졌다. 미국 출장 중이던 이 회장은 LA에 머무르면서 직접 백화점과 디스카운트스토어를 둘러보게 되었다. 그는 그곳에서 또 한번 자탄에 빠졌다. 삼성전자 제품의 현주소를 뼈저리게 실감했던 것이다. 소니·NEC 등 일본 전자 제품들은 진열대 앞쪽 눈에 잘 띄는 곳에 정돈돼 있었지만 삼성 제품은 먼지만 쌓인 채 뒷구석에 놓여 있었다. 자신이 이끌고 있는 삼성 제품에 대해 누구 하나 눈길을 주지 않는 상황을 직접 목격한 이 회장은 7, 8명의 전자 사장단을 불러모았다.

그는 먼저 전자 사장단에게 LA의 백화점과 디스카운트스토어를 자신이 둘러봤던 코스 그대로 돌아보도록 했다. 가전제품 유통가를 모두 둘러본 사장단에게 이 회장이 물었다.

"느낀 점이 무엇입니까?"

사장단은 꿀 먹은 벙어리일 수밖에 없었다. 그들이 목격한 것은

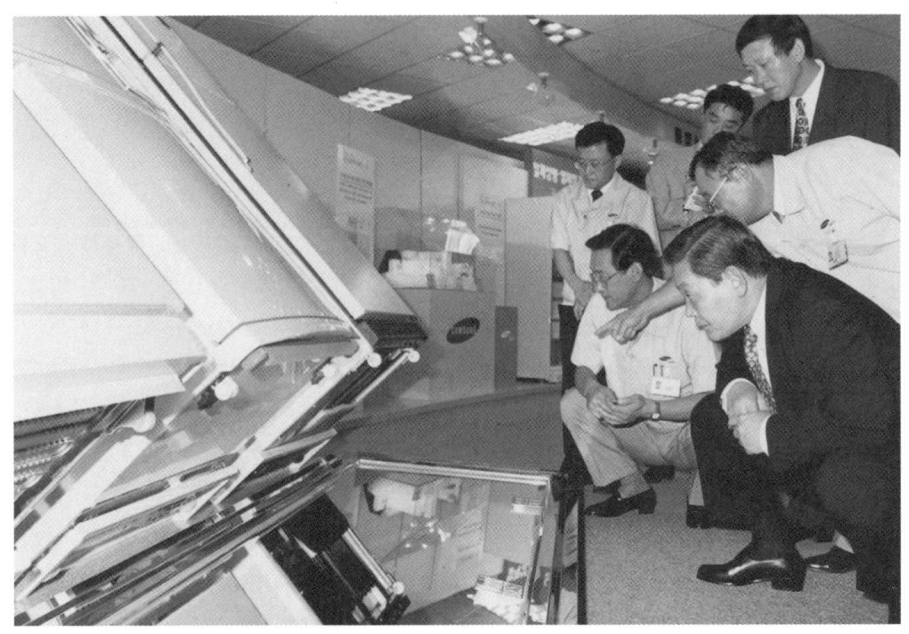
이건희 회장은 삼성전자 가전제품의 품질을 향상하기 위해 끊임없이 질경영을 강조해 왔다.
냉장고 밑바닥까지 꼼꼼히 훑어보며 불량 유무를 살피고 있는 모습.

다름 아닌 자신들이 나름대로 공들여 만든 제품이 3류 취급을 받고 있는 현장이었던 것이다. 그때 현지법인 관계자에게 당장 연회장을 물색하라는 지시가 떨어졌다. 이 회장은 연회장에 삼성전자 제품과 일본 선진 기업 제품을 비교해 전시하라고 주문했다.

이어서 이 회장 주도로 사장단 합동 교육이 이뤄졌다. 이 교육의 목적은 냉장고·세탁기 등 제품마다 삼성 제품과 일본 선진 제품의 기술·디자인·성능의 차이를 몸소 느끼게 하는 것이다.

이 회장의 신경영 결심은 1990년대 초반부터 시작됐다. 후쿠다 보고서와 세탁기 사건은 이 회장의 결심을 다시 한번 확인시켜 준 촉매제에 불과했다.

이 회장은 1987년 회장 취임 후 줄곧 변화와 개혁을 주문했지만 하부 조직이 자신의 뜻을 제대로 이행하고 있지 못하다고 판단, 1988년 회장 취임 1주년에 맞춰 또다시 개혁의 당위성을 강조했다. 하지만 그때도 임원들은 회장의 진의를 제대로 파악하지 못했다. 후쿠다 보고서와 세탁기 사건은 회장이 보고 느낀 문제점들을 확인시켜 주는 계기가 된 것이 분명했다.

이 회장은 후쿠다 보고서에 얼마나 감명을 받았던지 프랑크푸르트 회의에 앞서 이학수 차장과 통화하면서 "내일 당장 후쿠다 고문에게 푸짐한 상금을 내리라"고 지시했다고 한다. 이때 후쿠다 고문에게는 상상을 초월한 거액의 사례비가 전해진 것으로 알려져 있다. 이렇게 막이 오른 신경영은 질풍노도처럼 이내 삼성을 강타하기에 이르렀다.

변화와 개혁의 상징, 프랑크푸르트

이 회장은 1993년 회장 취임 6년째를 맞이해 심각한 위기의식을 가졌다. 국내 1위에 만족하다가는 다가올 세기말 대변화에서 살아남을 수 없다는 판단 때문이었다.

그는 1993년 3월부터 6월 말까지 프랑크푸르트를 포함해 LA, 오사카, 후쿠오카, 도쿄, 런던 등지에서 10여 차례 이상 해외 회의를 직접 주재했다. 그런데 왜 하필이면 숱한 곳들을 다 제쳐두고 프랑크푸르트를 신경영 선포 장소로 택했을까. 프랑크푸르트는 독일 라인강 지류에 자리잡은 인구 60만 도시로, 전후 독일 부흥의 상징인 '라인강 기적'의 진원지다. 또한 영국·프랑스 등 유럽의 주요 도시를 연결하는 교통 중심지이기도 하다.

이 회장이 프랑크푸르트를 선택한 것은 삼성 임원들에게 라인강 기적의 교훈을 되새기면서 '삼성의 기적'을 염두에 둔 것일 수도 있다. 삼성의 세전이익이 지난 1992년 2,300억 원에서 10년이 지난 2002년 말에는 15조 원으로 무려 66배나 증가한 것은 기적이라고 해도 과언이 아니다. 지난 1993년은 유럽연합(EU) 출범을 앞둔 시점이었다는 점에서 당시 세계 각국 기업들은 유럽시장 공략을 위한 대대적인 마케팅 전략을 마련하고 있었다. 그러니 꿈틀거리는 도시 프랑크푸르트가 LA나 도쿄에 비해 변화와 개혁의 상징성이 높은 것은 당연한 이치다.

이 회장은 프랑크푸르트가 물류 및 금융의 중심지로서 도시 기반시설이 잘 정비돼 있다고 판단하고 프랑크푸르트 주변의 사회간접자본 시설을 임원들이 직접 보고 배우라고 지시했다.

LA나 도쿄가 배제된 데는 또다른 이유가 있다. 삼성의 벤치마킹 대상은 소니, NEC 등 일본 가전업체였으며 이들의 주력 시장은 미국이었다. 즉, 일본이나 미국에서 신경영을 선포함으로써 벤치마킹 대상이자 경쟁업체인 일본 가전업체들을 괜스레 자극할 필요가 없었던 것이다.

삼성 신경영은 이 회장이 오래 전부터 가슴속에 묻어둔 계획에 의해 진행됐고 삼성 임직원들은 이를 좇아가기에 바빴다.

삼성 홍보팀도 언론들이 지엽적인 세탁기 불량문제를 크게 보도할 것으로 보고 공세적인 전략으로 이 회장의 '프랑크푸르트 선언'을 '신경영'으로 크게 부각시켰다. 때마침 YS정부는 1993년 출범과 함께 '문민정부'라는 트레이드마크를 내걸고 '신경제 100일 계획'을 마련 중이었다. 정부가 추진했던 신경제와 삼성의 신경영은 당시 절묘하게 코드가 맞아떨어졌던 것이다.

'목계'의 교훈과 '벤허'

이건희 회장은 나무로 만든 닭 '목계(木鷄)'의 교훈을 매우 소중히 여긴다. 목계는 『장자』의 「달생(達生)」편에 나오는 싸움닭 이야기로서 부친인 고(故) 이병철 회장이 물려준 교훈이다. '스스로를 경계하라'는 의미를 지닌 목계에는 그의 경영철학이 담겨 있다. 이 회장의 목계론은 싸움닭이 잘 훈련돼 있으면 싸움을 하지 않더라도 나무 닭처럼 근엄한 위용을 갖춰 어떤 싸움닭도 범접하지 못한다는 것이다.

이 회장은 목계를 통해 위엄과 권위의 중요성을 깨달았고, 또 이를 '자율경영'이라는 철학으로 실천하고 있다. 목계는 '칼은 들고 있되, 휘두르지 않고도 목적을 달성하는 것이 최선의 상책'이라는

『손자병법』의 '상지상(上之上 : 싸우지 않고 이기는 것)'의 교훈을 담고 있다.

이 회장이 가장 좋아하는 영화는 찰턴 헤스턴이 주연한 〈벤허〉다. 그는 〈벤허〉를 수십 번 감상했다. 처음에는 줄거리 위주로, 다음은 배역 위주로, 또 다음은 무대조명 위주로, 볼 때마다 관점을 달리했다. 그렇다면 이 회장이 영화 〈벤허〉에서 얻은 경영철학은 무엇일까? 바로 자율경영이다. 실제로 그는 사장단에게 이것을 늘 강조해왔다.

영화 속 벤허와 멧살라의 말을 모는 스타일은 전혀 다르다. 멧살라는 채찍으로 말을 강하게 후려치는 반면, 벤허는 채찍 없이 달린다. 결국 승자는 벤허다.

이 회장은 "인센티브란 인간이 만든 위대한 발명품 중 하나며 자본주의가 공산주의와 대결해서 승리한 요인"이라는 점을 사장단에 수차례 강조한 바 있다. 그의 이런 경영철학은 지난 1987년 회장 취임 직후 실제로 행동으로 옮겨지기도 했다.

취임 직후 그는 경영 전면에 나서지 않았다. 한남동 자택이나 승지원에서 중요한 손님을 만나는 게 경영 활동의 대부분이었다. 그래서인지 그를 둘러싼 루머도 적잖이 나돌았다. 그렇다면 지난 1993년의 신경영 선언 과정에서 이 회장이 보여준 활발한 행보는 어떻게 설명해야 할까.

이 회장은 1993년 3월 LA - 프랑크푸르트 - 오사카 - 도쿄 - 런던으로 이어지는 4개월에 걸친 대장정에서 1,800여 명의 임직원을 해외로 불러놓고 장장 500여 시간 열변을 토했다. 그는 마치 신들린 사람 같았다. 이 기이한 '해외 로드쇼'는 적어도 '은둔의 경영자'라는

1987년 삼성그룹 회장에 취임한 이건희 회장. 1993년 '마누라, 자식 빼고 다 바꾸자'는 신경영을 선언한 후 개혁의 선두에 서서 자신의 경영철학을 각 사업에 반영하는 등 활발한 행보를 보이고 있다.

그에 대한 세간의 인식을 불식시킨, 그야말로 '파격'의 극치였다고 할 수 있다.

저녁에 시작한 강연과 회의는 새벽에 끝나기 일쑤였다. 이 회장은 평소 자신의 생각을 말하기보다 상대방 의견을 주로 듣는 스타일이었는데 신경영 추진 당시는 정반대였다. 3, 4일 일정으로 출장 준비를 해간 임직원들은 1주일, 2주일이 지나면서 가져간 속옷을 모두 빨아 호텔 베란다에 널어놓곤 했다. 호텔 측에서 문제를 제기했지만 별다른 방법이 없었다. 게다가 달러마저 떨어져 신용카드로 생활했는데, 당시 외환 자유화가 이뤄지지 않아 삼성카드 본사에 전화해 한도를 늘리느라 아우성일 정도였다.

이 회장이 신조처럼 여겼던 자율경영의 틀을 스스로 허물고 나선 것은 이대로 둬서는 안 된다는 절박한 위기의식의 발로였다. 세기말적 변화를 앞두고 초일류기업과의 경쟁에서 살아남을 수 있는 경쟁력을 갖추지 않으면 생존을 보장받을 수 없다고 느꼈던 것이다.

개혁 교본을 통한 전사 차원의 개혁 확산

1993년 7월 30일 후쿠오카를 마지막으로 해외 경영특강을 마친 이 회장의 최대 관심사는 '개혁 교본'을 어떻게 만들 것인가였다.

그해 8월 초 비서실에서는 자신의 강연 내용을 책자로 만들라는 회장의 지시를 받고 곧바로 박근희 현 구조조정본부 부사장(경영진단 팀장)을 팀장으로 한 태스크포스(TF)팀을 구성했다.

"임직원들에게 개혁의 필요성을 공감시키고 한 방향으로 나아가게 하기 위해서는 일목요연한 교본이 필요하다. 하루빨리 신경영을 전파할 수 있는 책자를 만들라"는 이 회장의 지시로 삼성 비서실은 그의 해외 강연 내용을 정리하는 작업에 착수했다. TF는 A4용지로 무려 8,500쪽이나 되는 분량을 주제별로 분류, 200장으로 요약해 『삼성 신경영』『삼성인의 용어 : 한 방향으로 가자』라는 책자로 만들었다. 두 책의 초본을 보고받은 이 회장은 한글학자에게 감수시켜 보완하라고 지시했다.

9월 중순 TF는 『삼성 신경영』에 담긴 내용을 만화책으로 만들라는 지시를 받았다. 협력업체 등 삼성과 간접적인 연관관계를 맺고 있거나 회장의 개혁을 잘 이해하지 못하는 사람들에게는 알기 쉽게 만화책으로 만들어 전파시키는 것이 가장 효과적이라는 게 이 회장의 판단이었다. 회장실 주변은 다시 한번 이 회장의 치밀함에 혀를 내둘렀고 만화가로 이원복 교수를 선정했다.

이순동 구조조정본부 부사장(홍보팀장)은 "이 회장은 학창시절 커뮤니케이션을 공부하셨고, 중앙일보에서도 근무한 경험이 있어 신경영 철학이 어떻게 전파되고 공유돼야 하는지 누구보다 훤히 꿰뚫었다"며 "모름지기 개혁은 줄곧 한 방향으로 나아가야 한다는 게 회장의 철학이었다"고 설명했다.

당시 신경영 관련 책자는 50만 부 정도 발간됐으며, 해외 현지인 교육을 위해 영어·일어·중국어·말레이어 등 10여 개 국어로 번역되기도 했다. 이어 임직원들이 매일 아침 '신경영 교본'을 놓고 1시간씩 윤독회를 갖고 또 진지하게 토론을 벌이면서 개혁 분위기는 전사 차원으로 확산되기 시작했다.

'질'이냐 '양'이냐

이 회장은 해외 연속회의를 주재한 뒤 그해 8월 서울로 돌아온다. 그후 한 달 동안 그는 해외 강연에서 자신이 강조한 내용들이 어떻게 진행되고 있는지 면밀히 지켜봤다. 그러나 현장에서 제대로 되는 게 없다고 판단한 이 회장은 마침내 그룹 원로회의를 소집했다.

1993년 9월 초 태평로 삼성 본관 28층 회장실. 주요 계열사 사장단 10여 명이 모여들었다. 평소 과묵한 이 회장은 탁자를 치면서까지 매우 흥분된 어조로 말했다.

"내가 그렇게도 강조했던 질경영의 후속 조치들이 제대로 이뤄지지 않고 있습니다. 어떻게 회장이 말해도 안 되는 겁니까. 어떻게 하면 내 뜻을 이해하고 질경영이 착근될 수 있습니까. 그룹 원로들인 여러분이 방안을 찾아보세요."

강진구 당시 삼성전자 회장은 이 회장의 강력한 질타를 받고 신경영·실천 시스템 정비와 이를 위한 대책회의를 수차례 열었다. 수뇌부는 고심 끝에「신경영 추진을 위한 경영방침」이라는 보고서를 내놓았다. 그 내용의 핵심은 비서실장 교체였다.

3개월 전인 6월 프랑크푸르트 회의장에서였다. 그때 이수빈 비서실장(현 삼성사회봉사단장)은 유명한 '질량(質量)논쟁'의 서곡이 될 발언을 하고, 이 회장의 질 중시 경영에 대한 확고한 신념을 재확인하게 됐다.

이 회장은 6월 10일 프랑크푸르트 켐핀스키 호텔에서 경영특강을 마치고 사장단 10여 명을 자신의 방으로 불러들였다. 자신의 강연에 대한 사장단의 의견을 듣기 위해서였다. 이수빈 실장은 이 자리에서 사장단이 모두 공감하고 있던 내용을 이 회장에게 간곡하게 건의했다.

"회장님, 아직까지는 양을 포기할 수가 없습니다. 질과 양은 동전의 앞뒤입니다."

　이 실장의 직언에 이 회장은 순간 흥분했다. 손에 들고 있던 티스푼을 테이블 위에 던지고 문을 박차고 나갔다. 참석자들은 얼굴이 새하얘졌다. 이것이 바로 삼성인들 사이에 회자돼 온 '스푼 사건'이다.

고심의 작품, 신경영추진팀

「신경영 추진을 위한 경영방침」이라는 보고서는 비서실 체제 정비, 사장단 및 임원 평가지표 변경, 신경영 실천을 위한 임직원 교육 등 크게 세 부문으로 구성되어 있다. 뭐니 뭐니 해도 골자는 비서실장 교체건이었다. 그룹 사장단은 개혁을 위해서는 비서실장 교체가 불가피하다는 이 회장의 뜻을 읽고 비서실장 후보로 현명관 당시 삼성건설 사장(현 전경련 상근 부회장)을 포함해 두세 명을 추천했다.

　그리고 차장제를 신설해 이학수 차장이 신경영 실무를 총괄하고 배종렬 차장이 이를 경영논리로 전파하도록 했으며, 젊고 국제적 감각이 있는 40대 임원을 팀장으로 발탁하는 것을 골자로 개편안을 만들었다. 보고서를 접한 이 회장은 후보 가운데 현 사장쪽으로 마음이 기울었다.

　현 사장은 삼성 공채가 아닌 외부 수혈 인물이었다. 제주 출신으로 1963년 서울대 법대를 졸업한 뒤 행시를 거쳐 감사원에 근무하나 1978년 전주제지(현 한솔제지) 관리부장으로 삼성호에 합류했다. 이 회장이 그를 염두에 둔 것은 바로 정통 삼성인이 아닌 외부 출신이라는 점에서였다.

　10월 중순 어느 날 오전 10시쯤 현명관 사장은 비서팀장으로부터 회장님이 한남동 자택에서 보자고 하신다는 전화를 받았다. 그는 순간 긴장하지 않을 수 없었다. 당시 현 사장은 구포 열차 사고를 간신히 수습한 뒤라 그룹 회장과의 독대가 부담스러울 수밖에 없었던 것이다. 게다가 혹시 삼성건설에 대한 문제점을 어디선가 보고받은 게 아닌가 하는 우려도 있었다.

이 회장은 현 사장을 소리없이 맞은 뒤 커피 한 잔을 내놨다. 독대 시간은 1시간 정도. 현 사장 자신도 나중에 안 사실이지만 그 자리는 다름 아닌 비서실장 '면접시험'이었던 것이다. 갑자기 이 회장은 현 사장에게 삼성의 문제점과 그룹 운영 방안에 대해 얘기해 달라고 주문했다. 현 사장은 특유의 차분한 어조로 보고했다.

"삼성이 많은 계열사를 거느리고 있기 때문에 그룹을 전자·중화학·서비스·금융 등 소그룹화하는 게 효과적일 것으로 판단됩니다."

면담한 지 30여 분이 지났을까. 이 회장은 현 사장에게 짧게 한마디 던졌다.

"비서실장을 맡아 주세요."

당황한 현 사장은 잠시 머뭇거리다 정중히 말했다.

"저는 삼성 공채가 아니기 때문에 그룹 내에 기반이 없습니다. 전자 등 주력 계열사 사장을 맡은 적도 없습니다."

그러나 이 회장은 물러서지 않으며 거듭 요청했다.

"회장인 내가 지원하겠소. 질경영이 정착될 수 있도록 잘 이끌어 주시오."

결국 현 사장은 이를 수락, 20만 삼성인을 이끄는 비서실장으로 변신했다. 현명관 비서실장 체제는 당시 엄청난 사건이었다. 인적 청산의 신호탄으로 해석된 것은 당연한 일이었다. 하지만 이 회장의 경영묘수는 또 한번 주변을 놀라게 했다.

한편, 비서실장에서 물러난 이수빈 씨는 경영 현장으로 보냈다. 삼성증권 회장에 이어 삼성 금융소그룹 회장으로 중용한 것이다. '미덥지 않으면 맡기지 말고, 썼으면 믿고 맡긴다'는 이 회장의 용인술이 그대로 반영된 사례이자 자율경영의 교훈으로 남아 있다.

신경영 개혁의 주인공 | 이학수 삼성 구조조정본부장과의 인터뷰 |

이학수 본부장은 이건희 회장의 경영 전도사로 불릴 만큼 그의 의중을 가장 잘 소화해 현장을 이끌어 나가고 있는 인물이다. 지난 1971년 제일모직 입사로 삼성에 첫발을 내디딘 후 삼성화재 사장, 비서실장을 역임했으며 IMF 이후 성공적인 구조조정으로 삼성을 글로벌 기업으로 도약시켰다는 평가를 받고 있다.

삼성그룹 대표 경영자의 한 사람으로서 신경영 10년을 어떻게 평가하십니까?

지난 10년은 20세기에서 21세기로 넘어가는 세기말이자 산업화 시대에서 정보화 시대로 넘어가는 변화의 분수령이었습니다. 삼성은 IMF 등 숱한 위기를 넘어 세계 일류 대열에 동참하게 됐습니다. 자만해서는 안 되겠지만 신경영이 성공적이었다고 말할 수 있습니다.

이 회장께서는 움직이지 않는 듯하면서도 우리에게 큰 영향을 주고 계시는데 특별한 비책이라도 있는 것입니까?

회장께서는 경영에서뿐만 아니라 모든 분야에서 집념과 열정이 누구보다 강한 분입니다. 우리 경제가 경쟁력을 갖춘 일류 국가가 돼야 한다는 신념도 이런 개인적 특성에서 나온 것이라고 이해하고 있습니다. 회장께서는 외부 손님과의 약속이 이뤄지면 반드시

그분을 만나기 직전까지 무슨 얘기를 할 것인지를 혼자 골똘히 생각하시고 만난 뒤에는 상대방이 '왜 그런 말을 했을까' 하고 복기할 정도로 철저하십니다.

공개되지 않은 신경영 관련 에피소드가 있으면 말씀해 주시기 바랍니다.
신경영이 1993년 6월에 툭 튀어나온 것으로 생각하는 경향이 있는데 그렇지 않습니다. 그리고 신경영은 계속 이어집니다. 이건희 회장께서 부회장 시절부터 생각해 왔던 개혁 마인드가 회장 취임 후 제2창업 선언에서 신경영으로 이어진 것입니다. 실례로 회장 취임 직후 용인에 있던 양돈사업장을 폐쇄했고 협력업체에 사업을 대폭적으로 이관한 적도 있습니다. 지난 1988년쯤으로 기억되는데 당시 생산가액으로 1조 2,000억 원 수준의 사업이었습니다. 중소기업이 할 만한 업종을 다 넘긴 것이었는데 지금 시각에서 보면 사업 구조조정이었던 셈입니다.

신경영 2기의 경영 키워드는 무엇입니까?
세월이 10년이 지났다고 해서 굳이 신경영 1기, 2기로 나눌 필요는 사실 없다고 봅니다. 이 일은 계속해서 해야 할 경영 혁신입니다. 우리 제품이 세계 1등을 하고 서비스가 선진 수준에 오르고 경영 시스템이 세계 일류 기업 수준이 될 수 있도록 꾸준히 개혁하자는 게 신경영이라고 생각합니다.

몸으로 개혁을 느껴라

개혁의 신호탄, 7·4제

행동의 변화 통한 의식 개혁

1993년 7월 초 이건희 회장은 스위스 로잔에서 강연을 마치고 도쿄로 향하는 비행기 안에서 '중대한 결단'을 내렸다. 강연을 통해 변화와 개혁의 상징적 조치가 그것도 하루빨리 이뤄져야 한다고 판단한 그는 하네다 공항에 내리자마자 서울로 전화를 걸었다. 그는 이학수 비서실 차장에게 당장 7·4제를 실시하라는 한마디를 남기고 전화를 끊었다. 비서실은 적잖이 당황했다. 20만 삼성인의 출퇴근 시간을 두 시간 이상 조정하는 문제를 당장 실시하라는 회장의 불호령에 비서실은 인사팀을 중심으로 서둘러 대책을 마련했다.

회장 지시 5일 만인 그해 7월 7일 오전 7시, 삼성그룹 사장들이 서울 태평로 삼성 본관에 빠른 걸음으로 하나둘 모여들었다. 비서실 인사팀이 올린 7·4제의 최종안을 논의하기 위한 자리였다. 이학수 차장은 회장의 지시 사항을 소상하게 전달하고 7·4제 조기 실시가 불가피함을 보고했다.

그룹 비서실을 시작으로 전 임직원의 근무시간을 아침 7시부터 오후 4시로 조정한다는 이른바 '7·4제'는 이 회장의 신경영을 구체화하는 개혁의 신호탄이었다.

'마누라, 자식 빼고 다 바꾸자'며 나부터의 변화를 줄곧 강조해 온 이 회장이 생존을 위한 변화의 절박성 끝에 7·4제라는 개혁의 깃발을 올린 것이다.

다음은 당시 프랑크푸르트 발언이 그대로 실린 육성 테이프 내용이다.

"7시 내지 7시 30분에 시작해서 그날 모든 일과를 4~5시까지 끝내 보라. 말로만 할 게 아니라 실제로 실행에 옮겨라. 그래서 퇴근하기 전 어느 곳에 들러서 운동을 하든지, 친구를 만나든지, 어학 공부를 더 하든지 하고 6시 30분 전에 집에 들어가라는 것이다."

1987년 제2창업을 선언한 지 5년, 1993년 초부터 LA·도쿄 등을 거치며 수없이 변화를 외쳐 왔지만 꿈쩍도 하지 않던 삼성을 움직이게 한 '이건희 개혁'의 상징적인 첫 조치가 바로 7·4제였다.

당시 비서실 인사팀에 근무했던 김인 삼성SDS 사장은 "변화를 위한 가시적 조치가 시급하게 필요했던 상황이었습니다. 당시 비서실은 TF를 구성해 회장의 질경영을 구현하기 위한 방안에 대해 여러 가지를 논의했습니다. 7·4제는 바뀌어야 산다는 회장의 개혁 철학을 전 임직원들이 체감하는 동시에 개인의 삶의 질을 높일 수 있는 두 마리 토끼였습니다"라고 말했다.

당시 삼성 직원들의 업무 개시 시간은 8시 30분이었다. 1시간 30분의 변화는 '잠에서 덜 깬' 삼성 직원들이 '개혁'을 몸으로 느끼게 만든 조치였다. 물리적인 쇼그를 가해 정신적인 각성을 촉구한 7·4제에는 이 회장의 '1석5조(一石五鳥)'라는 특유의 경영철학이 깔려 있는 다목적 포석이었다.

아침 잠을 깨워가며 '변해야 산다'라는 위기의식을 던져 주었고 오후 시간을 임직원 개인 시간으로 돌려 삶의 질을 높였다. 무엇보다 20만 명의 직원이 남들보다 한 시간 이상 일찍 출근함으로써 교

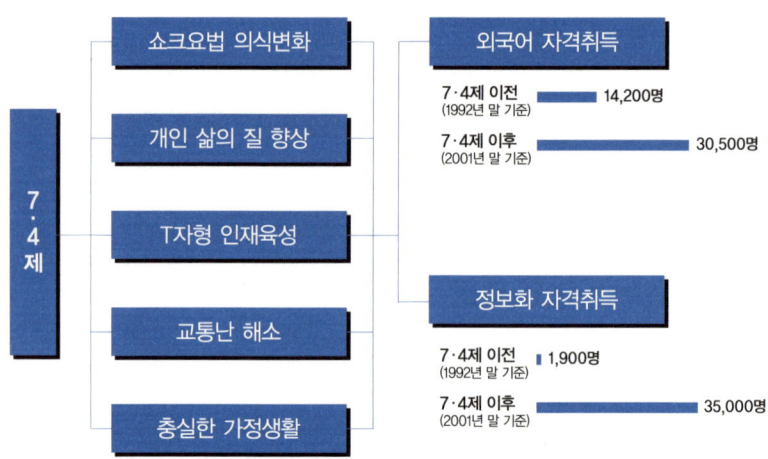

통 체증을 해소시키는 데에도 기여했다. 또한 러시아워를 피함으로써 물류 비용을 줄이고 이것은 다시 업무 효율로 이어졌다. 퇴근 후에는 여가 활동과 공부를 할 수 있었으며 가정의 평화가 싹텄다.

물론 도입 초기에는 정착이 쉽지 않았다. 해외에서의 신경영 대장정을 마치고 1993년 8월 국내로 돌아온 이 회장은 귀국 즉시 비서실에 7·4제가 제대로 실천되고 있는지 조사를 지시했다.

관례적으로 주던 시간외수당을 주지 않을 수 없어 한 시간 더 연장해 '7·5제'를 하는 계열사도 있었고 오후 4시 퇴근이 낯설어 직원들이 4시에 나갔다가 저녁을 먹고 6시쯤 복귀해 다시 일하는 계열사도 있다는 보고가 하나둘씩 올라왔다. 순간 이 회장의 표정이 굳어지더니 당장 바꾸라는 벽력 같은 불호령이 떨어졌다.

회장실을 빠져나가는 담당 임원의 뒷덜미에 이 회장의 한탄이 들렸다. 개혁은 혁명보다 어려운 것일까. 당시 이 회장은 계열사들이 자기 뜻을 제대로 이해하지 못한 것에 대해 야속함까지 느꼈다고 전해진다.

이후 삼성 비서실은 계열사의 퇴근 시간을 일일이 체크하며 7·4제 정착을 주도했다. 물리적인 강제였지만 행동패턴이 정착돼 7·4제의 취지가 제대로 발현될 수 있도록 하기 위한 조치였다.

입체적·종합적 사고를 지닌 T자형 인재개발

7·4제는 이 회장의 인재육성 철학과도 밀접한 관련이 있다. 자기개발의 시간을 늘리려는 주된 이유는 'T자형 인재'를 양성하겠다는 그의 인재육성 철학이 바탕에 깔려 있다. 다시 말해 미래는 한 가지 전문 분야에만 정통하고 다른 분야에 대해서는 아무 것도 모르는 'I자형 인재'보다는 자기 전문 분야는 물론이고 다른 분야까지 폭넓게 알고 있는 T자형 인재가 인정받는 시대가 될 것으로 내다본 것이다.

신경영 선언 4년째인 1997년 이 회장은 외부와의 한 인터뷰에서 "처음 7·4제라는 파격적인 출퇴근제도를 실시했을 때 일리 있는 반대에 부딪히면서 사실 나도 흔들렸다"고 밝히기도 했다. 하지만 그는 여러 의구심을 무릅쓰고 본래의 취지대로 강행했다. 이처럼 이 회장이 자기 개발을 강조하는 이유는 모든 사람이 T자형 인재가 돼주기를 바라는 마음에서였다.

그렇다면 왜 하필 T자형인가. 그가 T자형 인재를 강조하는 데는 다 이유가 있다. 반도체사업 초기에 미국에서 박사학위를 받은 사람들을 큰돈 들여서 잔뜩 데려다 임원 자리에 앉혔다. 임원이면 종합적인 안목을 가진 경영 능력이 필요한데 박사들은 그런 면이 부족했다. 박사는 자기 분야의 스페셜리스트일 뿐이었다. 입체적인 사고, 종합적인 안목을 가진 인재가 진정 기업에 필요한 인재라는 것을 뼈저리게 실감한 사건이었다.

T자형 인재육성 의지는 이 회장의 개인적인 삶에서도 그 뿌리를 찾을 수 있다. 그는 승마, 골프, 개 기르기, 영화·다큐멘터리 관람하기 등 다양한 취미를 경영과 연결짓기로 유명하다. 승마에서 '신상필상(信賞必賞)'의 인사를 배우고, 골프에서 에티켓을 얻고, 개를 기르면서 남을 먼저 생각하는 덕을 갖추고, 영화와 다큐멘터리를 보면서 입체적인 사고를 키워 왔다.

4시 퇴근 이후 직원들이 가정에 봉사하든, 취미생활을 하든, 공부를 하든 뭔가를 하면 입체적인 사고가 가능해 회사업무 향상에도 도움이 될 것이라는 게 이 회장의 판단이었던 것이다. 7·4제 실시 이후 퇴근 뒤 시간 활용에 대한 삼성의 자체 분석 결과에 따르면 61퍼센트가 개인 학습에 활용했고 24퍼센트는 가족과 함께하는 데 활용한 것으로 나왔다. 또한 7·4제는 임직원의 자기 개발을 유도해 질 위주의 변화와 구조개혁을 통해 어떠한 경영환경 속에서도 연간 조 단위 이상의 수익을 올릴 수 있는 경영 시스템을 창출하는 정신적인 버팀목이라는 평가를 받았다.

7·4제는 정신적 각성을 촉구하는 신경영 개혁의 첫 조치였다. 아직 어둠이 채 가시지 않은 새벽 시간, 출근길을 재촉하고 있는 삼성 직원들.

1+1은 2보다 크다

실제로 7·4제 실시 한 달 뒤 삼성그룹이 17개 계열사 270명의 임직원을 대상으로 설문조사한 결과, 새 제도 도입 후 출퇴근 시간이 30분 이상 감축됐다고 하는 응답자가 19퍼센트로 가장 많은 것으로 나타났다. 출근 시간을 오전 8시 30분에서 7시로 한 시간 30분 앞당기니 하루에 두 시간이 더 생기게 된 셈이다.

이른 퇴근은 자기 개발도 유도했다. 해가 뉘엿뉘엿지고 난 뒤 퇴근하면 술 한잔이 생각나는 게 직장인의 생리인데, 4시 퇴근은 헬스클럽에서 체력을 단련하든, 어학을 공부해 국제화에 대비하든, 컴퓨터를 배워 정보화 사회에 적응하든, 가정에 충실하든 무엇이든 하게 만들었다.

또 같은 업무시간이지만 이른 시간대에는 업무의 효율성을 높일 수 있었다. 평소에는 업무 중간중간 전화로 업무의 흐름이 끊어지는 경우가 많았는데 오전 7시부터 9시까지는 집중적으로 일에 몰입할 수 있었다.

그렇다면 그 좋은 제도를 왜 그만두게 됐을까. 이에 대해 삼성 구조조정본부는 디지털, 글로벌, 소프트 시대로 변화한 2000년대의 신조류에 대응하기 위해 탄력근무 시간제로 바꿨을 뿐 7·4제를 없앤 것은 아니라고 설명했다. 예를 들면 삼성의 금융 계열사는 금융기관이 문을 여는 오전 9시부터 오후 5시까지, 해외 관련 부서는 오후 2시에서 10시까지 일하고 있다.

삼성과 우리 사회에 변화와 개혁의 신호탄으로 8년 8개월간 실시된 7·4제는 경영 성과와 정신적인 측면에서뿐만 아니라 삼성인들의 역량까지도 한 단계 끌어올렸다. 7·4제 이전과 비교해 외국어 자격 취득자는 1만 4,200명에서 3만 500명으로 배 이상이나 늘었고, 정보화 자격은 1,900명에서 3만 5,000명으로 18배 상승한 것으로 나타났다.

1995년 어느 삼성맨의 하루 | 심의경 삼성전자 인사팀 차장 |

오후 4시 곧장 가방을 싸 회사에서 20분 거리인 신촌에 있는 영어학원으로 직행했다. 해외 지사에 인사진단을 나갔을 때 현지 인사담당자와 제대로 얘기를 못 나눴던 것이 못내 아쉬움으로 남아 있기 때문이다. 입사 초기 때 친 토익 점수가 사내 최하위 등급을 받았던 것보다 더 안타까웠다. 1시간 30분의 강의가 휙 지나가 버렸다.

오후 6시 다시 회사 근처에 있는 헬스클럽으로 향했다. 남자 몸은 30대 중반부터 관리를 해줘야 한다는 아내의 말이 귓가에서 맴돌았다. 땀을 흘리고 숨이 가빠지는 만큼 기분은 상쾌해졌다.

오후 7시 집에 도착했지만 아직 날은 훤했다. 저녁을 먹고 아이들과 함께 집 근처 한강변으로 산책을 나갔다.

오후 9시 30분 서재에 들어가 독일어 책을 펼쳤다. 지난 1년 동안 독일 프랑크푸르트에 지역전문가로 나가 있었지만 독일어에 대해 거의 모르는 상태에서 나가 배운 '서바이벌 저먼(Survival German : 생활하기 위해 몸으로 배운 독일어)'이어서 귀국 뒤 정리가 필수적이었다.

    이상은 심의경 차장의 1995년 어느 하루 일과다. 심 차장은 7·4제 실시 이후 자기 개발을 통해 자기 만족을 느꼈다. 스스로에 대한 자부심은 회사업무를 자신 있게 할 수 있는 원동력이 됐다.
    그는 4시 퇴근 이후의 생활인 '애프터 4' 활동으로 2002년 사내 토익 1등급은 물론, 사내 독일어 1등급까지 따냈다.

1993년 7월, 갑자기 회사에서 4시에 퇴근하라고 했을 때 사실 그도 반신반의했다고 한다. 하루 종일 회사일만 하는 것으로 유명한 삼성에서 벌건 대낮에 퇴근하라니. 그러나 몇 개월이 지나면서 이 제도가 일회성이 아니라는 사실을 그도 그의 동료들도 깨닫게 됐다.

공인노무사이기도 한 심 차장은 요즘도 집에서 인터넷으로 노동법 최신 판례를 찾는 등 관심 분야의 흐름을 놓치지 않으려 노력하고 있다.

중국 시장 전략 수정과 실행

신경영 2기

3대 키워드 설정

2003년 6월 삼성은 신경영 2기 출범 시 핵심전략으로 표방한 천재경영, 미래 성장엔진 발굴과 함께 중국 시장 전략 강화를 3대 키워드로 설정했다. 이 회장이 직접 중국 시장에서의 성과를 챙길 것이라는 소식이 전달됨에 따라 각 계열사들의 대중국 경영에 가속이 붙게 되었다.

이 회장은 신경영 2기 출범을 앞두고 6월 초 열린 사장단 회의에서 "중국 시장에서 기회를 놓칠 경우 미래 경쟁력이 크게 약화될 것이기 때문에 그룹 차원에서 중국 시장 경영전략을 새롭게 짜야 한다"는 특명을 내렸다.

천재경영은 소프트웨어, 미래 성장엔진 발굴은 콘텐츠, 중국 시장 전략은 신경영 2기 중점 사업으로, 하드웨어적 성격을 갖고 있다. 천재경영을 통해 산업 기반 전환에 능동적으로 대처하는 인재를 육성하고, 미래 성장엔진 발굴로 수익성을 높이는 한편, 중국 시장 전략으로 경쟁우위를 유지·확대하겠다는 야심찬 경영 구상이다.

이에 따라 각 계열사 별로 중국 시장 진출 확대 방안을 마련하는 구체적인 작업에 돌입했다. 핵심 진출 제품군과 네트워크 확대 방안 등을 담은 중국 프로젝트 청사진을 새롭게 구상하기 시작한 것이다. 삼성은 또 향후 세계 시장을 놓고 중국과

치열한 경쟁이 벌어질 것으로 예상, 이에 대한 종합 대비책 마련에도 나섰다.

중국 특명에 담긴 뜻

이 회장이 내린 중국 특명은 '중국 시장 파고들기'와 '중국과의 경쟁에 대비하자'는 의미를 동시에 갖고 있는 것으로 풀이되고 있다. 그는 세계 최대 생산 및 소비 시장으로 급부상하고 있는 중국 시장에서 우위를 점하지 못할 경우 경쟁에서 낙오될 수 있다고 우려하고 있다.

또한 중국은 물론 홍콩, 싱가포르, 말레이시아 등에 퍼져 있는 화교권이 자본과 기술력의 결집을 지속함에 따라 미래 최대 경쟁 상대가 될 수 있다는 전망도 고려했다. 이는 앞으로 최대 맞수가 될 중국을 철저한 준비와 전략으로 압도해야 한다는 절박감에서 나온 결과이기도 하다.

삼성 신경영 2기 3대 중점사업

핵심과제	설정 배경	이건희 회장 어록
천재경영 (소프트웨어)	급격한 산업 패러다임 전환, 변화를 선도하는 창조적 인재 육성·영입 절실	"나라를 위한 천재 키우기에 적극 나서야 한다."
미래 성장엔진 발굴(콘텐츠)	기존 성과에 안주하는 타성 타파, 세계 1등 제품 확대	"이제 기회를 선점하는 경영만이 살 길이다."
중국전략 강화 (하드웨어)	중화권 경제의 약진·시장기회 대폭 확대, 삼성의 상대적인 열세	"중국 시장에서 기회를 놓칠 경우 백전백패하게 될 것이다."

이 회장은 최근 중국 시장과 관련해 "중국 시장을 단순히 인건비가 싼 시장으로만 인식해선 안 된다. 이렇게 생각하는 한 중국과의 경쟁에서 백전백패하는 것은 물론이고 우리가 먹고살 수 있는 기반을 다 뺏길 것이다"라고 강조했다.

그리고 중국 전략과 관련해 싱가포르·말레이시아·홍콩·미국계 중국인 등을 한데 묶어 범화교 인구로 볼 것과 그들에게 어떤 제품을 팔 것인지, 어떤 세일즈 방식을 채택할 것인지를 넘어 그들의 문화의식을 더 철저히 연구할 것을 강조했다.

그는 특히 "중화권에 대한 연구를 더 철저히 진행하고 관련 전문가를 영입하는 등 만반의 대비를 갖춰야 한다"며 각 계열사들에 대중국 전략 수정 및 실행을 신속하게 진행하라고 주문했다.

유럽의 일류문화를 경험하라

진정한 국제화를 위해

출장 중 특별 휴가

신경영 선언이 있기 바로 전해인 1992년 8월 중순, 유럽을 방문한 이건희 회장이 수행 중인 임원들과 함께 스위스 취리히에 여장을 풀었다. 이 회장은 호텔에 도착하자마자 이학수 비서실 재무팀장, 김순택 비서팀장, 양해경 삼성물산 프랑크푸르트 지사장(현 삼성구주전략 본부장)을 방으로 불러들였다. 그들은 한숨 돌릴 겨를도 없이 이 회장 앞에 모였다. 창밖을 내다보던 이 회장이 입을 열었다.

"나 혼자 쉬고 있을 테니 여러분은 유럽의 독종과 생존, 그리고 일류문화를 경험해 보도록 하세요."

'독종' '생존' 등의 낯선 단어에 수행 임원들이 짐짓 놀라는 표정을 짓자 그제서야 이 회장은 '특별 휴가'라는 짧은 한마디를 건넸다. 임원이 출장 중 특별 휴가라니, 진기한 일이 아닐 수 없었다.

국민소득이 3만 달러에 이르면서도 바티칸시티의 근위병으로 용병까지 파견하며 수입을 올리는 스위스의 '독종 근성', 독일이라는 강대국에 치이면서도 B&O(Bang & Olufsen) 등 경쟁력 있는 기업이 존재하는 덴마크의 '생존 본능', 대기업 없이 관광산업에 국가 경제를 의존하고 있는 오스트리아를 '타산지석'으로 직접 느껴보라는 것이었다. 임원들은 급히 일정을 짰다. 특별 휴가이긴 했지만 월요일부터 공식 일정이 다시 시작되기 때문에 금요일 저녁에 출발, 일요일 밤에 돌아오는 2박 3일간의 강행군이었다.

졸지에 특별 휴가를 얻은 임원들은 '소국의 생존' '생존을 위한 독종'을 테마로 스위스→오스트리아→이탈리아 북부→덴마크를 거치는 인프라 기행을 시작했다.

그 전만 해도 임원들은 출장을 가면 으레 업무상 거래선만 만나고 바로 다음 행선지로 출발했다. 유럽에 출장을 수십 번 갔어도 에펠탑 한번 보기 힘든 것이 현실이었다. 이 회장은 바로 이 같은 통념을 과감히 깨뜨렸다. 외국 출장을 많이 가는 게 국제화가 아니라 출장간 나라의 인프라와 문화를 보고 직접 체험하는 것이 국제화라는 의미다.

이 사건 이후 삼성 임원들은 해외 출장을 가면 비즈니스를 끝낸 뒤 2~3일간의 인프라, 문화 체험을 의무적으로 하게 되었다. 신경영 선언 당시 이 회장이 수백 명에 이르는 그룹사 임원들을 프랑크푸르트·런던·도쿄로 불러들인 것도 임원들의 국제화를 가속시키기 위해 고심 끝에 착안해 낸 '특별임원회의'였던 것이다.

비록 재무팀에선 호텔비 문제로 난감해 했지만, 프랑크푸르트 켐핀스키 호텔 같은 일류 호텔에 그 많은 임원들을 다 불러 재우고 낮에는 인프라를 구경하라고 했던 것도 직접 체험하며 국제화의 안목을 키우자는 의도였기에 모든 사원의 동의를 얻을 수 있었다.

당시 반도체 등 그룹 경영이 호전되면서 미래를 대비한 임원들의 교육에 우선적인 투자를 했던 것이 오늘날 삼성의 국제 경쟁력 확보에 밑거름이 됐음은 자타가 공인하는 사실이다.

이를 계기로 국제화의 필요성을 공감한 삼성은 해외 경험의 장점을 살리기 위해 '지역전문가제도'를 본격적으로 도입하게 되었다. 지역전문가제도는 3년차 이상의 사원, 대리급 인력을 1년간 해외로 보내 자율 프로그램에 따라 언어를 배우고 문화를 익히도록 하는 제도다. 1년간 월급 주고 해외에 내보내 마음껏 그 나라의 문화를 체험하게 하는 파격적인 조치는 두말할 필요도 없이 국제화에 대한 이 회장의 확고한 신념의 결과였다.

국제화를 위해 양성한 '10만 대군'

국제화된 인력 양성에 대한 이 회장의 깊은 관심을 엿볼 수 있는 한 가지 일화가 있다.

1994년 무렵, 이 회장이 이우희 비서실 인사팀장(현 에스원 사장)을 집무실로 불렀다. 현명관 비서실장을 비롯해 비서실 팀장들이 죄다 모였다. 이 회장은 그 자리에서 그해 지역전문가로 선발된 인력들의 인사고과표, 어학성적표 등을 하나하나 꼼꼼히 체크하더니 "A급을 보내라고 했더니 어떻게 B, C급이 대다수냐. 당장 아쉬울지 몰라도 우수 인력을 지역전문가로 키워야 삼성이 국제화되고 세계 일류가 된다"며 비서실 인사팀을 나무랐다.

결국 삼성 사장단과 인사팀은 그해 지역전문가를 다시 선발하는 한바탕 소동을 치렀다.

지역전문가는 회장이 10~20년을 내다보고 키운 국제화 인력이다. 그들은 삼성이 국제화를 위해 양성한 '10만 대군'인 셈이다. 실제로 삼성은 이 제도를 통해 그동안 2,500여 명의 전문가를 양성했으며, 1995년부터 실시해 오고 있는 '테크노 MBA제도'를 통해서도

영국 윈야드에 건설된 삼성 전자복합단지는 삼성의 해외 진출의 모범적 사례로 꼽히고 있다. 준공식에 참석한 영국 엘리자베스 2세와 이건희 회장.

460여 명의 해외 우수대학 출신 MBA를 양성했다.

또한 국제화에 더욱 박차를 가하기 위해 국내 인력의 해외 체험 확대와 함께 해외 인력의 과감한 채용 및 육성을 통한 국내의 국제화 전략도 병행시켰다.

대표적인 조직은 1997년 순수 외국인으로 구성, 출범한 미래전략그룹이다. 삼성의 미래전략그룹은 20여 명의 외국 우수대학 MBA와 박사급 인력으로 인-하우스 컨설팅 업무를 하면서 미래 삼성의 글로벌 경영인을 육성해 나가기 위해 만들어졌다.

지난 2002년 삼성그룹 최초의 외국인 정규 임원으로 선임돼 주목을 받았던 데이비드 스틸 삼성전자 상무보가 미래전략그룹이 발굴, 육성한 인물의 대표적인 사례다. 미래전략그룹 외에도 현재 삼성그룹의 국내 각 사업장에서 활약하고 있는 외국인 직원은 500여 명에 이른다. 이들 모두가 현장의 국제화를 앞당기는 첨병 역할을 하고 있다.

이 같은 인력의 국제화는 2002년 삼성이 총 수출액 312억 달러로 국가 수출의 20퍼센트를 차지할 정도로 국가 경제의 튼튼한 버팀목 역할을 해낸 원동력이라는 데는 이론의 여지가 없다. 하지만 아직 삼성의 국제화 수준은 이 회장의 눈높이에 미치지 못하고 있는 실정이다.

이 회장은 2002년 11월 사장단 회의를 주재하면서 5년쯤 후엔 사장단 회의를 영어로 진행해야 한다는 생각을 넌지시 내비쳤다. 삼성의 국제화가 어떻게 진행될 것인지가 더욱 명확해지는 대목이다.

노인식 삼성 구조조정본부 인력팀장은 "과장급, 차장급의 외국어 능력 향상에 초점을 두고 있다. 앞으로 2, 3년 뒤면 부장이나 임원

인사평가에도 영어 능력을 가점으로 인정하는 등 단계적으로 강화해 나갈 계획을 세우고 있다"고 밝혔다.

이는 4, 5년 안에 임원들이 영어로 회의를 진행할 수 있도록 한다는 목표를 반영하는 것이다. 실제 삼성물산에서는 2003년부터 간부(과장) 승진 때 그간 가점으로만 사용하던 영어성적을 필수로 정해 영어 자격시험 2등급(토익 730점) 이하는 승진할 수 없도록 했다.

2003년 하반기부터는 신입사원 입사 때 회화 능력을 측정, 인센티브를 주는 방안도 도입했다.

삼성전자 등 그룹의 대표 회사 이사회가 영어로 진행되고 임원의 3분의 1 정도가 외국인으로 채워져야 국제화의 1단계가 이뤄졌다고 할 수 있을 것이다. 삼성의 국제화는 이렇게 쉼 없이 진행되고 있다.

행정혁신 이끈 혁명의 전도사 | 이건희 회장과 이와구니 씨의 만남 |

신경영 선언이 있기 3개월 전인 1993년 3월 3일 일본 도쿄 오쿠라 호텔. 사장단 회의로 바쁘던 이건희 회장은 갑자기 홍보팀장인 배종렬 전무(현 삼성물산 사장)에게 이와구니 데쓴도 씨를 급히 만나야겠다고 알려왔다. 배 전무는 즉시 이와구니가 누구이며 어떤 사람인지에 대한 정보 파악에 나섰고,

일본의 행정을 일류로 이끈 이와구니 데쓴도 시장.

『시골의 논리』 등 그의 저서 6권을 구해 밤새 읽었다. 그는 이와구니의 행적과 인생관을 파악한 뒤, A4용지 10쪽은 족히 되는 보고서를 급히 작성했다.

이튿날, 이 회장 일행은 1박2일 일정으로 비행기를 타고 일본 열도의 서쪽 조그마한 도시, 이즈모로 향했다.

이와구니 데쓴도는 도쿄대학 법대 출신으로 미국 메릴린치 사 수석부사장에 오를 때까지 30년 동안 국제금융계를 누빈 귀재였다. 그런 그가 1989년 전격적으로 은퇴한 뒤 일본의 한 소도시 시장으로 변신, 세상을 거듭 놀라게 했다.

당시 그는 '혁명가'란 별명에 걸맞게 행정혁신을 이끌었다. '행정이 최고의 서비스'라는 기치 아래 시민들이 많이 모이는 장터와 백화점에 시청 분소를 낸 것이 대표적인 사례다. 시골 시청은 급기야

1991년 소니 등 기라성 같은 기업들을 제치고 일본 능률협회 선정 '베스트 9상'의 1위를 차지하는 기염을 토했다.

이 회장은 '혁명의 전도사'인 이와구니의 실체가 궁금했다. 그는 이와구니 시장의 '행정이 최고의 서비스'라는 말에 깊은 공감을 나타냈다. 평소 자신의 생각과 똑같은 생각을 하는 사람이 일본의 한 시골마을에 있다는 사실에 새삼 놀랐던 것이다.

이즈모 시의 한 온천에서 두 사람의 만남이 이뤄졌다. 그들의 대화는 이즈모의 옛 역사에서 자연스럽게 국제화로 이어졌다.

이와구니 이즈모는 옛날 백제의 문화를 일본으로 받아들이던 창구였습니다.

이 회장 문화를 전수하거나 받아들일 땐 서로를 이해하려는 자세가 무엇보다 우선돼야 한다고 생각합니다.

이와구니 바로 그렇습니다. 요즘 일본에서는 국제인이라는 말이 유행하는데 국제인이란 영어를 잘하는 사람이 아니라 자기 문화에 대한 자부심을 잃지 않으면서도 상대방의 문화에 대해 존경심을 가질 수 있는 사람을 의미합니다.

이 회장 시장님의 개혁을 기업 측면에서 보면 공급자 위주에서 소비자 위주로 경영체제를 바꾸는 작업이라고 할 수 있지 않겠습니까.

이와구니 잘 보셨습니다. 민간기업에 있는 사람 몇몇을 시청에 데려와 교환근무를 시켜보니 기존 공무원들에게 자극이 돼 효과가 좋았습니다.

이 회장 변화없는 조직엔 자극제가 필요하다는 뜻이군요.

이 회장과 이와구니 시장은 마치 오랜 지기라도 되는 듯 저녁 7시부터 밤 11시까지 얘기꽃을 피웠다. 이날 대화는 이 회장이 이전부터 생각하고 있던 삼성 개혁의 당위성을 더욱 공고히 하는 계기가 됐다.

'경제는 일류, 행정은 이류, 정치는 삼류'라던 일본에서 이류가 일류를 넘어선 것이 바로 이와구니의 개혁이었다. 이는 기업을 일류로 만드는 삼성 신경영의 본질과 절묘하게 맞아떨어졌던 것이다. 이 회장은 이와구니 시장을 두고 일본에서 가장 국제화된 사람이라고 평했다.

IMF 극복과 신경영

버림의 미학

뼈를 깎는 구조조정 단행

IMF(국제통화기금)라는 단어를 떼어 놓고 삼성 신경영을 애기한다는 것은 거의 불가능한 일이다. 삼성은 1993년 신경영 선언에도 불구하고 IMF 이전에는 정치·경제·사회적 여건 탓에 본질적인 구조조정을 실시하는 데 한계를 보였다.

하지만 IMF 직후 이 회장의 구조조정에 대한 확고한 의지를 바탕으로 구조조정본부가 중심이 돼 기본 방향을 정하고 각사의 CEO·CFO가 강력히 추진한 결과, 어느 기업보다 구조조정을 신속하고 성공적으로 추진할 수 있었다.

2003년 8월 공식 출범한 '삼성아토피나'는 IMF 터널을 빠져나온 삼성호의 후미 객차다. 삼성종합화학이 프랑스의 석유 메이저 토털그룹인 아토피나와 15억 5,000만 달러(1조 8,600억 원) 규모의 합작사를 설립하는 방식으로 1조 원에 가까운 외자를 유치해 새롭게 태어난 회사다.

지난 2001년 5월 협상이 시작되어 2년 만에 결실을 본 삼성아토피나에는 이 회장의 브랜드 파워에 대한 인식이 담겨 있다. 이 회장은 질경영으로 내부 경쟁력을 쌓는 동시에 외부적으로 브랜드 가치를 높여 외자를 유치할 수 있게 된 것을 높이 평가했다.

그와 마찬가지로 "제2공장 증설 직전 외환위기로 휘청거려 정부의 빅딜 대상 업체에 포함됐던 삼성종합화학이 단일 기업이 유치한 산업자본으론 최대 규모의 외자를 들여올 수 있었던 것은 '질경영'이 주효했기 때문"이라고 고홍식 사장은 말했다. 1990년대를 관통하는 유화업계의 증산경쟁 속에서도 질 위주 경영으로의 전환이 그나마 부실이 더 커지는 것을 막고 나름의 경쟁력을 갖출 수 있게 했다는 의미다.

질경영을 엔진으로 삼은 '삼성호' 객차들이 IMF 터널을 무사히 통과할 수 있었던 것은 65개에 달하던 계열사를 45개 사로 축소하고 총 236개 사업을 정리했으며 분사와 매각 등을 통해 5만 2,000여 명(35퍼센트)에 이르는 인력을 생력화(省力化)하는 등 뼈를 깎는 구조조정이 뒤따랐기 때문이다.

이처럼 강도 높은 구조조정이 점차 성과를 낼 수 있었던 배경을 이해하기 위해서는 IMF를 예감한 듯한 1996년 샌디에이고 전략회의를 살펴볼 필요가 있다.

1996년 4월, 미국 샌디에이고에 인접한 멕시코 티후아나의 전자복합단지 현장을 방문한 이 회장은 전자 사장단을 중심으로 전략회의를 소집했다. 1993년 신경영 바람을 일으킨 이후 처음으로 이 회장이 주재한 회의였다.

사실 이 회장은 1995년 무렵부터 "2000년이 오기 전에 뭔가가 있을 것 같다"며 위기감을 자주 얘기하면서 불안해했다. 21세기를 맞는 그룹의 미래 전략을 논의하기 위해 모인 샌디에이고 회의에서 이 회장은 당시엔 그리 많이 쓰이지 않던 '거품'이라는 단어를 거론했다. 당시 그는 "최근 수년간의 호황에 편승해 나타나고 있는 투자,

경비 등 경영상의 제반 거품 현상과 임직원의 가치관, 근로 윤리상의 거품을 냉철하게 분석해야 한다"고 지적했다. 이 회장이 언급한 '거품'은 엔고와 반도체 호황에 따른 착시효과를 경계하라는 얘기였다. 또한 이 회장은 그 자리에서 그간의 분석을 바탕으로 "우리는 지금 땅에서 10센티미터 정도는 떠 있다. 땅을 짚어야 한다"며 현상황을 장황하게 얘기하기도 했다.

실제로 삼성 비서실은 1996년 초에 KDI(한국개발연구원) 등에 환율 전망에 관한 용역을 의뢰했다. KDI 분석 결과, 적정 환율은 900원대 초반이었지만 당시 환율은 800원대 초반이었다.

경제는 1993~1995년 최대 호황을 누렸지만 1996년에 접어들면서 원화가 강세를 띠고 수출은 꺾이기 시작했다. 삼성이 영위하고 있는 모든 업종 가운데 반도체를 제외한 각 업종이 하향곡선을 그리는 게 보이기 시작했다.

불안감을 느낀 이 회장은 1996년 8월 경영 일선에 나가 있던 이학수 당시 삼성화재 사장을 비서실로 불러들였다. 그룹 내부 살림을 도맡아 하도록 하기 위해 비서실 차장(사장급) 자리를 만든 것이었다. 이어 1996년 말 사장단 인사에서 이학수 비서실 차장을 비서실장으로 승진시켜 고수익 위주 내실경영을 진두 지휘하도록 하고, 삼성전자에는 현장 및 기술관리형 CEO인 윤종용 사장을 투입했다.

그해 사장단 인사에서는 대표적인 성장론자들이 상담역으로 발령받아 일선에서 물러나고 대신 그룹 전체를 위기관리형 체제로 바꿨다.

구체화된 '버림의 경영'

하지만 국가부도 직면이라는 전대미문의 IMF 충격이 오리라곤 누구도 예상하지 못했던 게 사실이다. IMF체제에 돌입한 지 1개월 남짓 지난 1997년 12월, 삼성 영빈관 승지원에는 세계적인 투자회사인 미국 골드먼삭스의 존 코자인 회장 일행이 며칠째 드나들고 있었다. 이 회장이 삼성의 구조개혁 방법론을 의뢰하기 위해 코자인 회장 일행을 불러들였던 것이다. 주관적일 수밖에 없는 삼성 자체 구조조정안에서 탈피해 철저한 구조조정을 해보자는 강력한 의지의 표시였다.

코자인 회장과의 만남에는 이학수 비서실장 등이 배석했다. 긴 침묵을 깨고 이 회장이 요점을 정리했다.

"삼성전자와 핵심 전자 계열사, 삼성생명을 제외하고 그 어떤 회사를 처분해도 좋습니다."

그러자 코자인 회장은 화들짝 놀라는 기색으로 "어디까지가 우리가 해야 할 일입니까"라며 재차 이 회장의 의중을 파고들었다. 이 회장은 단호하게 말했다.

"우리 회사를 분석하고 값을 매겨 원매자를 찾아서 처분까지 해주시오. 모든 것을 위임합니다."

'버림의 경영'이 구체적으로 출발하는 순간이었다. 1998년 초 정부 주도로 대기업에 대한 구조개혁이 시작되기 전에 삼성은 이미 신경영으로 훈련돼 있었고 위기가 다가오자 바로 자발적인 구조개혁의 돛을 올린 것이다.

삼성전자와 삼성생명을 제외한 모든 계열사가 구조개혁의 대상이 된다는 이 회장의 구조조정 방식을 세간에서는 '선상투하(船上投下)식 구조조정'이라고 불렀다. 이는 재무구조 개선에 초점을 둔 방식으로 이익과 경쟁력이라는 원칙에서 벗어나면 모두 구조조정 대상이 될 수 있다는 의미였다. 당시 비서실 재무팀에서 각 계열사를 분석, 숨겨진 부실 등 각종 문제점 등을 정리한 자료는 어른 키만한 높이로 쌓일 정도였다고 한다.

삼성의 이 같은 구조조정 방식이 원칙대로 진행될 수 있었던 것은 이 회장 스스로 자신의 것을 버렸기 때문이다. 김인주 구조조정본부 재무팀장(부사장)은 "삼성이 위기를 조기에 극복하고 구조조정을 성공적으로 해낼 수 있었던 것도 회장께서 뒤에서 확고히 밀어 주셨기에 가능했습니다. 사재를 털어 인수했던 부천 반도체 공장 매각도 결단을 내려주셨기에 원칙대로 실행할 수 있었던 사례입니다"라고 설명했다.

사업을 버리고 부동산을 매각하는 구조조정은 오히려 쉬운 일이었다. 평생직장을 얘기했던 삼성에서 인력 감축은 뜨거운 감자일 수밖에 없었다. 삼성전자만 해도 총 3만여 명이 정든 직장을 떠나야 했다. 하지만 분사나 외주를 통해 인력을 최대한 흡수함으로써 명예퇴직을 포함해 순수하게 그만둔 사람은 1만 2,000여 명 수준으로 최소화시켰다.

구조조정본부 인사팀에서는 분사를 하거나 사업을 매각할 때 값을 조금 적게 받는 한이 있더라도 직원의 고용승계를 반드시 조항에 넣는 등 종업원 입장에서 인원 정리를 하려고 노력했다.

IMF 당시 삼성전자 구조조정팀의 경우 회사에 출근하면 가장 먼저 하는 일이 구조조정 대상 직원의 팀장 등 상급자에게 그 직원의 일자리를 찾아 주기 위해 몇 군데나 전화했는지, 몇 사람의 일자리를 찾아 주었는지를 체크하는 것이었다.

2001년 이 회장의 지시로 삼성전자 인사팀 내에 CDC(경력개발센터, Career Development Center)가 조직되어 퇴직 직원들에게 새로운 직장을 알선해 주고 있다. 현재까지 800여 명의 임직원이 CDC를 거쳐 새로운 일자리를 찾았다.

삼성의 IMF 극복 과정은 '버림의 미학'을 보여준 대표적인 사례로 평가받고 있다. 구조조정이 강도 높게 진행됐던 지난 1998년 삼성은 성대하게 치를 계획이던 그룹 창립 60주년 기념식을 포기했다. 그러나 2000년 이후부터는 지난 60년간 이익을 모두 합친 것을 상회하는 이익을 매년 얻었다. 지난 2000년 한 해 동안엔 60년간 이익의 2배가 넘는 15조 원의 이익을 거둬들였다.

'해서는 안 되는 사업, 하지 않아도 되는 사업은 포기할 줄 아는 용기와 결단이 필요하다'는 이 회장의 메시지는 지금도 실현 중이다.

이건희와 잭 웰치의 개혁 스타일 비교

서로 친분이 두터운 이건희 회장과 잭 웰치 전 GE 회장은 기업 개혁이라는 공통의 목표를 갖고 경영을 했지만 방식은 정반대였다.

경영혁신의 대명사로 불리는 웰치 회장은 구조혁신→프로세스 혁신→문화혁신의 단계를 거쳐 GE를 변모시켰던 반면, 이 회장은 문화혁신→프로세스 혁신→구조혁신이라는 역순으로 삼성을 탈바꿈시켰다.

지난 1981년 취임한 웰치 회장은 1983년 세계 시장 1, 2위가 아닌 사업은 과감히 포기하는 '1등 또는 2등 전략'으로 개혁의 신호탄을 올린 뒤 프로세스 혁신인 '베스트 프랙티스'(1988년), 문화혁신 운동인 '워크아웃'(1989년)의 순으로 개혁을 진행시켰다.

웰치 회장이 1등 또는 2등 전략을 내걸 때 내세운 슬로건은 구조개혁적인 색채가 짙은 '고쳐라, 매각하라, 아니면 폐쇄하라'였다. 반면 이 회장의 기업개혁인 신경영은 '마누라와 자식만 빼고 다 바꾸자', '나부터 변하자'라는 다분히 정신적, 문화적인 색채의 구호로부터 시작됐다.

삼성의 경우 프랑크푸르트 선언 이후 회장이 가장 강조했던 것은 삼성헌법, 도덕 등 문화혁신이었다. 스피드 경영으로 대표되는 프로세스 혁신은 1995년 이후에 강조됐고 IMF 이후에 진정한 구조개혁이 이뤄졌다. 삼성이 시간과 품이 많이 드는 문화혁신부터 시작한 것은 불가항력적이었다는 의견이 지배적이다.

GE의 잭 웰치가 가장 먼저 손을 댄 사업과 인력의 구조조정은 한국적인 현실 속에서 삼성이 선뜻 나서기 힘든 작업이었다. 사실 이 회장도 신경영 당시 '(삼성)전자와 물산을 제외하곤 다 없애라'며 구조혁신의 메시지를 보냈다.

1996년 1월쯤 비서실 재무팀에서는 이 회장에게 상용차 사업 철수에 대한 보고서를 올렸다. 이 보고서는 사업 철수에 따른 영향, 철수 시나리오 등 상당히 구체적인 것까지 검토된 것이었다. 진출이 기정 사실화된 자동차 하나만 사업을 추진하고, 전력이 분산되는 것을 막자는 취지가 담겨 있었다. 그러나 당시는 어려움이 가시화하지 않은 상태인데다 구조조정의 명분도 약했고 총선과 대구 민심 등 정치적 사안을 고려하지 않을 수 없는 형편이었다. 근본 틀을 바꾸는 구조개혁은 노동·금융시장의 경직성, 정부 규제 등 사회 여건상 불가항력적인 부문이 많았다는 의미다. 아이러니컬하게도 외부 요인으로 구조혁신을 미뤄왔던 삼성은 IMF라는 외부적인 상황 때문에 그동안 할 수 없었던 구조개혁을 일시에 단행할 수 있게 됐다.

결과적으로 볼 때 신경영은 조직에 정신과 철학을 불어넣었으며, IMF를 겪으며 이를 극복하고 오히려 기회로 만들 수 있었던 것은 철학, 공통의 가치관 등 문화적인 바탕을 임직원들이 공유했기 때문이다. 다시 말해 삼성의 개혁 작업은 정신적 바탕을 중요시하는 동양적 사고의 틀을 따랐던 것이다.

종합적인 정보 인프라 구축의 필요성

삼성의 정보화 추진 과정

세계적 석학 도노번 교수와의 만남

1996년 4월 미국 샌디에이고에서 전략회의를 마치고 귀국 중이던 이 회장은 기내에서 뜻밖에도 귀한 손님을 만나게 된다. 소문난 애연가였던 이 회장에게 15시간 이상의 비행기 여행은 고통 그 자체였다. 당시만 해도 기내 부분 흡연이 가능했기 때문에 이 회장은 수행비서를 시켜 VIP 좌석에 있는 승객 서너 명에게 양해를 구하도록 했다.

수행비서는 이 회장 뒷좌석에 앉아 있던 중년 미국인에게 이 회장의 신분을 밝히고 정중하게 흡연을 해도 괜찮은지 의사를 물었다. 그러자 그는 삼성에 대해 잘 알고 있다며 괜찮다고 대답했다.

이 회장은 잠시 뒤 미국인에게 다가가 고맙다는 인사와 함께 명함을 건넸다. 상대방의 명함을 받은 이 회장은 크게 놀랐다. 그는 바로 세계적인 석학인 MIT대의 존 도노번 교수였던 것이다. 그와의 인연은 이렇게 시작됐다. 두 사람 사이의 대화는 이후 한 시간 동안 진지하게 이어졌다.

도노번 교수는 휴렛팩커드 한국 지사 초청으로 강연차 한국에 오는 길이었다. 물리학, 컴퓨터공학 등 3, 4개의 박사학위를 갖고 있는 도노번 교수는 이 회장에게 정보화를 바탕으로 한 미래 인터넷 세상이 어떻게 바뀌는지를 차분하게 설명했다.

인터넷이 주도하는 미래 세상에 매료되어 온 이 회장은 도노번 교수에게 삼성의 정보화에 대한 자문을 부탁했다.

한국 방문 4일째 되던 날, 도노번 교수는 현명관 비서실장, 남궁석 삼성SDS 사장(현 국회의원) 등과 안양컨트리클럽에서 골프회동을 가졌고 이 회장은 이곳에서 도노번 교수에게 저녁식사를 대접했다.

그날 저녁 이 회장은 남궁 사장에게 도노번 교수에 대한 생각을 슬쩍 물었다. 남궁 사장이 뭐라 답변하지 못하고 머뭇거리자 이 회장은 그가 그룹에 필요한 인물인지, 아닌지를 재차 물었다. 그제야 남궁 사장은 미래에 대한 개념을 배우는 데 필요한 인물이라고 대답했다. 이 회장은 도노번 교수에게 사장단들을 위해 강의를 해줄 것을 요청했고, 그도 이에 흔쾌히 응했다.

이 회장은 이미 기내 환담을 통해 '도노번 효과'를 짐작했고 그에 대해 큰 매력을 느꼈던 것이 분명했다.

방한 6일째 되는 날, 도노번 교수는 삼성 사장단 회의인 '수요회'에 특별 강사로 초빙되었다. 강의 도중 그는 자신이 쓴 『리엔지니어링』이라는 책을 갑자기 집어던졌다. 변화가 워낙 빨라 자신이 책에 언급한 내용들도 얼마 지나지 않아 낡은 이론이 될 것이라는 점을 강조하기 위한 제스처인 듯했다.

도노번 교수는 이날 강의에서 경쟁우위를 점하기 위한 컴퓨터 기술과 사업전략, 정보기술의 중요성, 인트라넷 구축을 통한 글로벌 경쟁력 확보, 21세기 수종사업으로서의 인터넷 비즈니스 등에 대해 강조했다.

IT를 통한 글로벌 가치 주도기업

무형자산에 기반한 핵심역량과 글로벌 네트워킹으로 새로운 가치를
창출함으로써 산업구조를 지배 및 선도하는 기업

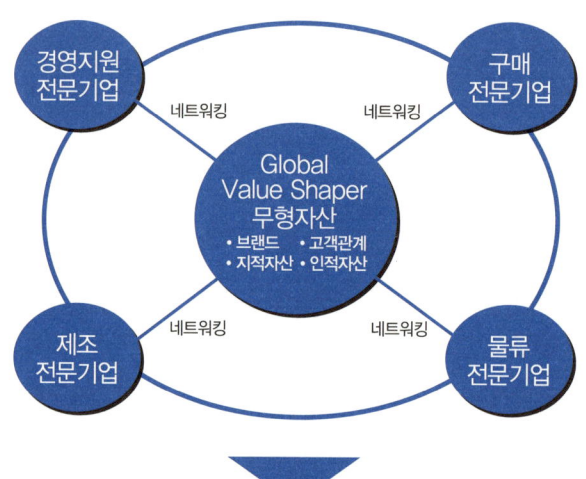

새로운 가치 창출 ⇨ Value
다수의 전문기업과의 협업을 통해 가치 창출

가치사슬 재편 ⇨ Shaper
타기업을 소유하지 않으면서 핵심역량을 통해
가치사슬 전체를 지배 및 재편

정보화를 통한 신경영 실현

이 회장은 1993년 신경영 선언 당시 정보화를 통한 PI(Process Innovation) 작업을 개혁의 요체로 여겼다. 반도체, 액정표시장치(LCD) 등 타이밍이 기업의 사활을 좌우하는 상황에서 스피드 경영이 생명이며, 이를 위해서는 정보 인프라가 조속히 구축돼야 한다고 판단했다.

컴퓨터 이용 여부가 기업 성패를 좌우하므로 CAD/CAM 등을 활용한 수주→설계→생산·공정관리→재고관리→출고로 이어지는 프로세스를 종합적이고 유기적으로 컴퓨터를 통해 관리해야 한다는 게 그의 지론이었다.

1991년 이미 이 회장은 비서실 임원들과의 오찬에서 종합적인 정보 인프라 구축의 필요성을 강조했었다. 하지만 관련 경영자들은 이를 제대로 추진하지 못했다. 그는 1993년 신경영 추진 과정에서 여러 차례 정보 인프라 구축에 대한 자신의 지시 사항이 이행되고 있지 않다며 경영진을 질타하기도 했다.

"10개 공정 가운데 6개 공정을 자동화해 놓고 '60퍼센트 자동화됐다'고 보고하는 임원이 있는데 이것은 자동화율이 0퍼센트다. 댐의 높이가 10미터로 일정하게 유지되어야지 한 군데만 5미터로 낮아져도 그 댐의 높이는 5미터다."

정보화가 여러 갈래에서 동시에 추진되지 않을 경우 '정보의 보틀넥' 현상이 생긴다는 점을 댐 높이에 비유해 설명한 것이다.

삼성은 샌디에이고 전략회의에서 소프트 경쟁력 강화를 천명한 이후 SDS를 중심으로 그룹 정보화를 체계적으로 추진해 왔다. 정보화 목표를 비용절감에 두고 프로그래머 양성, 컴퓨터 보급 확대 등 대대적으로 인프라를 구축했다.

이 회장이 정보화 인력양성을 강조함에 따라 정보 인프라 교육연수원인 '멀티 캠퍼스'가 지난 1996년 서울 강남 지역에 설립됐다. SDS의 자본금은 280억 원인데 멀티 캠퍼스 건설에 700억 원이 넘게 투입됐다. 삼성건설이 소유하고 있던 부지를 SDS가 매입한 것도 정보 인프라 구축 마스터플랜에 따른 것이다.

2002년 말 현재 삼성 임직원 10명 가운데 9.5명이 각종 정보화 관련 자격증을 보유하고 있다. 이 회장은 정보화 구축과 관련해 10년을 내다보고 정보 인프라를 정비하라고 강력하게 주문했지만 너무 포괄적이라 현재 이 사업은 3년 단위로 추진되고 있다. 1999년에 1차 정보화 비전이 수립됐다. 물론 그룹 33개 사와 해외 9개 법인에 대한 진단은 기본이었다. 정보전략 부서장 교육, 선진사들에 대한 벤치마킹도 동시에 이뤄졌다. 최근 3년간 투자한 금액이 약 1조 8,000억 원인데 성과는 7조 2,000억 원에 이른 것으로 평가되고 있다.

삼성은 이 시기에 국제 표준 통신 인프라를 구축했으며 정보공유 체계인 '싱글(Single)'을 완전 정착시켰다. 싱글을 통한 메일 건수는 하루 78만 5,000건이었으며 이를 통해 정보를 공유하는 사람은 하루 4만 5,000명에 달했다.

삼성전자의 경우 전사적 자원관리(ERP) 시스템 구축을 통해 재고 물량을 평균 4조 1,000억 원 수준에서 2조 3,000억 원으로 대폭 낮췄고 미회수 채권도 4조 6,000억 원에서 2조 6,000억 원으로 무려 2조 원 이상 줄였다. 삼성증권의 경우 사이버 거래 주문 건수가 70퍼센트를 넘었으며 약정액의 50퍼센트가 인터넷을 통해 이뤄졌다.

SDS에서는 2002년 사장단들에게 이같이 보고하면서 2단계 그룹 정보화 계획을 발표했다. 정보화 목표도 '내부 경영효율 제고'에서 '대외 경쟁력 제고'로 전환했다. 한마디로 정보화를 통해 부가가치까지 창출하겠다는 것이다. 2단계 정보화 추진 세부 목표로 완벽한 고객관계 관리(CRM) 구축, 비즈니스 파트너와의 공조체제인 공급망 관리(SCM), 인터넷을 통한 전자상거래(EC) 확산에 대비, 가치경영(VBM)과 지식경영(KMS), 정보기술(IT) 인프라 확충 등 5개 아이템을 정했다.

또한 지난 2001년부터 그룹의 정보공유 시스템인 '싱글'을 한 단계 발전시켜 웹상에서 접속하고, 결재가 가능한 '마이 싱글(My Single)' 개발 구축에 나서 2003년 초 시스템 구축을 완료했다.

그룹 경영의 글로벌화가 가속되면서 국내뿐 아니라 해외 어디에서라도 웹사이트와 싱글을 연결시켜 사용할 필요성이 커진 데 따른 대응방안이었다. 새로운 시스템 개발을 위해 구조조정본부 홍보팀이 SDS와 함께 TF를 구성했다. 사내 정보 인프라 선진화 작업을 홍보팀이 주도한 것은 수요자 입장을 감안했기 때문이다. '마이 싱글' 구축으로 사내 정보 시스템의 수준이 몇 단계 높아졌으며 그룹 임직원들의 업무생산성 향상에 크게 기여할 것으로 전망되고 있다.

삼성의 기록문화

이건희 회장이 1990년대 초중반까지 가장 아꼈던 전자제품은 '소니 녹음기'다. 이 회장은 1990년대 초 삼성 신임 임원들에게 소니 녹음기와 팩스를 지급하도록 비서실에 지시하기도 했다.

이 회장은 기록문화의 중요성을 늘 강조해 왔다. 1993년 6월 신경영의 시발점이었던 프랑크푸르트에서 이 회장은 자신의 말을 녹음해 사장단들에게 그대로 전달하라는 지시를 내릴 정도였다.

이 회장이 기록문화에 유달리 집착한 이유는 부회장 시절부터 자신이 지시한 문제점들이 제대로 전달되지 못했기 때문이다. 기록의 중요성과 관련된 한 가지 흥미로운 사실은 삼성 구조조정본부가 「전자 관련 회장님 지시 사항(1981년)」이라는 문건을 20여 년 넘게 보관하고 있다는 점이다.

이 회장은 취임 이후 늘 국제화, 기술중시 등에 대해 "이건 내가 옛날에 다 지적한 사항인데 아직도 고쳐지지 않고 있다"고 질책하곤 했다. 비서실 기록문화 담당자는 과연 1980년대 초에 그런 지적을 했을까 하는 의구심을 가졌다. 그러던 차에 회장에게 보고하지 않고 그룹 경영진을 대상으로 조사를 실시했다. 그랬더니 정말 회장이 신경영 당시 했던 말들이 고스란히 최고경영자들의 낡은 수첩 속에 빽빽이 적혀 있는 것을 확인했다. 이 문건에는 이 회장과 당시 삼성전자 임원들과의 대화록을 비롯해 기술중시, 자율경영, 인간 존중, 업의 개념, 구매 합리화, 국제화 등 7개 부문에 걸쳐 이 회장이 1980년대 초 부회장 시절부터 지시한 내용들이 기록돼 있다. 삼성 비서실은 이때 정리된 내용을 바탕으로 「전자 관련 회장님 지시 사항」이라는 문건을 만들어 팀장은 물론 관계사 사장들에게 전파했다.

윤종용 삼성전자 부회장도 '메모'로 인해 이 회장에게 칭찬을 받은 일이 있다. 윤 부회장은 1980년대 VCR사업을 총괄하고 있었는데 이 회장이 당시 지적했던 사항을 수첩에 빼곡히 메모해 놨다. 그 덕분에 1990년대 초반 삼성전자 임원들과의 간담회에서 이 회장이 과거 자신이 지시한 내용을 묻는 질문을 받고 아무 머뭇거림 없이 수첩을 꺼내 이 회장이 지시한 80여 가지 문제점들을 조목조목 대답할 수 있었다.

이 회장은 고려청자나 조선백자의 기술이 후손들에게 제대로 전수되지 못한 것은 기록문화의 부재 때문이라고 보고 있다. 조직이나 사회가 단순한 실수를 바로잡기는커녕 반복함으로써 엄청난 돈과 인력 낭비를 초래하는 것도 마찬가지 이치라는 것이다. 이런 점에서 기업도 예외가 될 수 없다는 게 이 회장의 생각이다.

2
삼성의 혼을 담아라

월드베스트 삼성을 향해

비교전시 경영학이 이룬 금자탑

자택 지하실은 첨단 제품 실험실

서울 한남동 이 회장 자택에 있는 30여 평 규모의 지하실은 이 회장의 '집무공간' 이자 첨단 제품 실험실이다. 정면에 100인치 규모의 대형 스크린이 자리잡고 있고, 좌우에는 첨단 음향기기들이 놓여 있다.

스크린 앞쪽에는 높이 40센티미터 가로 세로 4~5미터 크기의 낮은 책상에 앉은뱅이 의자가 있다. 이 회장은 오랜 일본 생활로 맨바닥에 앉길 좋아하는데, 그것은 장시간 '작업'에 따른 피로를 줄여 주기 때문이다.

책상 좌우에는 500여 개가 넘는 비디오테이프가 빼곡히 쌓여 있다. 내용은 선진 기업들의 기술개발 동향, 역사·다큐멘터리 등이 주종을 이룬다. 삼성의 일본이나 미국 지사는 선진 제품 개발 동향이나 컴덱스쇼 등 전시회 관련 비디오테이프나 신제품을 이 회장에게 보내는 게 가장 중요한 업무다. 삼성전자가 개발하는 신제품은 항상 이 회장의 작업실을 거치게 된다. 이 회장은 삼성의 신제품을 선진 회사 제품과 비교해 본다. 휴대폰이라면 노키아, 양문형(two-door) 냉장고는 제너럴일렉트릭(GE), TV는 소니 제품과 비교한다. 놀라운 사실은 이 회장이 이 지하실에서 삼성 제품과 선진 제품을 직접 사용해 보기도 하고, 분해·조립까지 해보면서 비교·분석한다는 것이다.

그의 작업실에는 한 달에도 몇 차례씩 일본과 미국 현지 법인에서 공수해 오는 제품들이 들어왔다가 나간다. 샘플은 5개 정도 공수돼 한남동, 삼성전자 수원연구소, 영업담당 임원들에게 보내지고, 샘플 하나는 나중에 삼성전자 제품과 비교해 보기 위해 보관되고 있다.

삼성전자가 월드베스트 제품을 앞세워 세계적 IT기업으로 발돋움 하는 데는 이 회장의 '비교전시 경영학'이 그 기저에 깔려 있다. 그는 벤치마킹 대상을 제품별로 설정해 놓고 삼성이 만든 제품과 선진사 제품을 항상 비교전시하면서 삼성 제품의 현주소를 파악한다. 삼성의 현주소가 파악됐으면 선진 제품을 따라잡을 수 있는 스케줄을 짜는 게 최고경영자들에게 맡겨진 과제다.

이 회장의 '비교전시 경영'은 그가 지난 1968년 중앙일보 이사로 삼성에 발을 들여놓을 때부터 시작됐다. 그 당시 그의 사무실을 찾은 사람들은 책상 위에 첨단 시계가 순서대로 분해돼 놓여 있는 것을 보고 매우 놀라기도 했다. 그만큼 첨단 제품에 대한 이 회장의 호기심과 관심은 대단했다는 게 이대원 삼성중공업 상담역의 증언이다.

이 회장이 1993년 신경영을 추진하면서 사장단에 '쇼크'를 가했던 방법도 '비교전시'였다. 그는 1993년 3월 LA 센추리플라자 호텔에서 열린 사장단 회의에서 '비교전시'의 중요성을 강조했던 것이다. 5일 일정으로 진행된 LA회의는 사장단에게 현지 유통매장을 돌아보게 해 먼지를 뒤집어쓴 채 소비자들에게 외면당하고 있는 삼성 제품의 현주소를 깨닫게 하려는 의도에서 급작스럽게 실시된 것이었다. 이 회장은 회의 이튿날 10여 개 제품에 대한 비교전시회를 직접 주재했다. 200여 평의 홀에는 VTR·냉장고·세탁기·에어컨 등 10여 개 품목의 삼성전자 제품과 선진 제품이 비교전시됐다. 이 회장은 사장단이 보는 앞에서 삼성 제품과 경쟁사 제품을 분해해 보였다. 이 자리에서 이 회장은 제품 하나하나를 거론하며 세부적인 내용까지 지시했다.

"삼성이 생산하는 VTR의 부품이 도시바보다 30퍼센트나 많으면서 가격은 오히려 30퍼센트가 싼데 어떻게 경쟁이 되겠습니까. TV의 가로 세로가 4대 3이나 16대 9가 아닌 독창적인 와이드 제품을 만들어야 합니다. TV 브라운관이 볼록한데 평면으로 만드는 길을 찾아봅시다. 리모컨이 너무 복잡해요. 리모컨이 복잡한 것은 기술진

이 회장의 '비교전시 경영학'은 삼성의 현주소를 파악하는 지름길을 제시한다. 삼성전자 사장의 사무실에 전시된 노키아, 모토롤라 제품의 휴대폰들.

이 사용자들의 편의를 생각하지 않았기 때문입니다. 손에 잡기 쉽고 간단히 온·오프 기능만 할 수 있는 리모컨을 만드는 방안을 연구해 봅시다."

그러나 당시에는 회장의 지시를 제대로 파악하는 사장단이 거의 없었다. 회장이 제시했던 아이디어들은 3~4년 뒤 상품화됐다. TV '명품 플러스원'도 당시 이 회장이 아이디어를 낸 것이었다.

삼성전자는 VTR의 부품 수가 너무 많고 품질이 떨어진다는 이 회장의 지적에 따라 '위너 프로젝트(Winner Project)'라는 극비의 VTR 품질 개선방안을 마련했다. 삼성전자는 이후 VTR을 DVD콤보로 발전시켜 '효자 상품'으로 만들었고 1993년 LA회의 이후 연례적으로 신제품 비교전시회를 갖고 있다.

2002년 4월 19일, 이 회장이 경기도 용인 삼성그룹 연수원인 '창조관'으로 전자 사장단을 불러모았다. 26명의 삼성 수뇌부가 회장의 지시를 받고 긴급 호출됐다. 오후 5시쯤 창조관에 도착한 이 회장은 회의장이 아닌 전시관으로 향했다. 회장의 지시로 회의장 옆에 마련된 임시 전시관에는 디바이스솔루션, 이동통신, 디지털미디어, 디지털어플라이언스 등 4개 부문에 걸쳐 삼성이 생산한 제품과 소니, GE 등 선진 회사 제품 20여 개 아이템이 각각 비교전시되어 있었다.

이 전시회의 가장 큰 특징은 선진 회사 제품뿐만 아니라 하이얼 등 중국 제품도 전시했다는 점이다. 이 회장은 2~3년 내 삼성에게 위협적 존재가 될 중국 제품들의 현주소를 파악하고 위기의식을 갖기 위해 중국 제품도 전시하도록 지시했던 것이다. 선진 제품과는 아직 기술력 차이가 있는 데다 중국이 무섭게 추격해 오고 있어 준비를 소홀히 했다가는 샌드위치 신세가 될 수 있다는 게 이 회장의 분석이었다.

탁월한 홈시어터 박사

디지털미디어관에는 홈시어터 코너가 마련되어 있다. 홈시어터는 TV·비디오·오디오를 한데 묶어 가정에서도 영화관에서 영화를 보는 것과 같은 효과를 내는 전자산업의 첨단 복합상품이다. 이 회장은 그 자리에서 사장단이 지켜보는 가운데 삼성전자 제품과 일본 소니 제품을 직접 체험했다.

실제로 작동시켜 보니 삼성의 오디오 음질이 소니에 비해 형편없었다. 스크린 화질도 선명치 못했다. 게다가 복잡한 리모컨을 단순화시켜 사용하기 쉽게 만들라는 이 회장의 지시가 있었음에도 불구하고 아직도 개발이 안 된 상태였다. 그 자리에 있던 사장단들은 바짝 긴장하지 않을 수 없었다. 이 회장은 이미 2001년 9·11테러 발생 직후 진대제 삼성전자 사장(현 정보통신부 장관)을 불러 홈시어터 개발을 지시한 터였다. 미국 소비자들이 외출을 꺼리면서 홈시어터 시장이 급팽창할 것으로 예상했기 때문이다.

이 회장은 홈시어터 분야에서 타의 추종을 불허할 정도로 박사급이다. 그는 소리에 천재적인 감각을 갖고 있어 소리의 '색깔'까지도 구분할 수 있다. 삼성 내에서 오디오·비디오에 관한 한 이 회장을 따라갈 사람이 없을 정도라고 임경춘 전 삼성자동차 부회장은 말했다.

삼성전자는 부랴부랴 소니를 겨냥해 홈시어터 개발 TF를 결성했고 아직도 작업은 진행 중이다. 그리고 2002년에는 이 회장이 지시한 대로 새로운 리모컨이 개발돼 이 회장에게 전달됐다.

이 회장의 비교전시 경영은 최고경영자들에게도 그대로 전파됐다. 1990년대 초반 이 회장은 배석한 임원들에게 "집에 어떤 TV가 있느냐"며 의미 있는 질문을 던졌다. 이에 임원들은 하나같이 "삼성전자 제품"이라고 대답했다. 그러자 이 회장은 "소니 TV도 봐야지 왜 삼성 TV만 보느냐"며 크게 나무랐다. 상대 회사의 제품과 비교하지 않으면 우리 것이 발전할 수 없다는 의미였다.

'월드베스트 삼성'은 이 회장의 비교전시 철학과 실험정신이 이룬 금자탑, 바로 그것이다.

삼성만의 아이덴티티를 찾아라

디자인 혁신과 품질경영

디자인 개혁의 서곡

삼성 신경영의 핵심을 이루고 있는 '품질경영'의 주요 요소로 디자인이 그 위치를 확고히 한 것은 최고경영층이 끊임없는 관심을 가지고 분위기를 조성해 왔기 때문이다. 2001년 8월 15일 이건희 회장은 자택에서 〈브랜드가 경쟁력〉이라는 프로그램을 몰입해 보다가 갑자기 김준 비서팀장을 찾았다. 그러고는 그에게 일본에 있는 후쿠다 고문에게 연락해 조만간 만날 약속을 잡으라고 지시했다.

그 프로그램은 우리 기업의 경쟁력 강화를 위해서는 품질은 물론, 디자인이나 브랜드 등 소프트웨어 부문의 경쟁력이 우선돼야 한다는 내용을 담고 있었다. 그래서 이 회장이 삼성전자의 디자인 문제점을 적나라하게 지적했던 후쿠다 고문을 떠올리게 된 것이다.

그로부터 3개월 뒤인 11월 13일 이 회장을 비롯해 후쿠다 고문, 윤종용 삼성전자 부회장, 정국현 삼성전자 디자인 총괄상무, 이재용 삼성전자 상무가 한자리에 모였다. 그들은 승지원에서 저녁식사를 함께 하면서 얘기를 나눴다.

먼저 이 회장이 후쿠다 고문에게 의견을 물었다.

"삼성 디자이너들에 대해 얘기 좀 하세요. 무엇이 중요한가요?"

그러자 후쿠다 고문은 기다렸다는 듯 대답했다.

"실력 면에서는 선진 기업들과 대등하다고 생각합니다만 문제는 프로세스를 혁신하려는 노력입니다."

이 회장은 "4~5년차, 7~8년차 되는 디자이너들에게 해외연수 기회를 주는 게 어떻겠습니까? 가만 보면 우리 조직은 일 잘하고 능력 있는 사람일수록 옆에 두고 교육은 등한시하는 것 같아서…"라고 말끝을 흐렸다. 무거운 침묵도 잠시, 후쿠다 고문은 이내 이 회장에게 새로운 의견을 제시했다.

"삼성에도 이제는 스타급 디자이너가 있어야 합니다. 특출한 디자이너를 육성하기 위해 베네통에서 운영하는 '파브리카(Fabrica)'라는 연수프로그램을 벤치마킹해 보는 것이 어떨까 싶습니다."

고개를 끄덕이던 이 회장은 저녁식사가 끝나자 그에게 최고급 와인 한 병으로 고마움을 표시했다. 그렇다면 이 회장이 다시 후쿠다 고문을 찾은 이유는 무엇일까.

그것은 바로 이 회장 자신이 오래 전부터 중시해 온 디자인 부문에 대해 적지 않은 CEO들이 여전히 제대로 인식하지 못하고 있다고 판단했기 때문이다. 그런 의미에서 지난 1989년부터 10여 년간 삼성전자 정보통신 부문 디자인 고문으로 있었던 후쿠다 씨와의 재회는 삼성 디자인 개혁의 서곡이었던 것이다.

브랜드 가치 상승의 일등 공신은 디자인

'라디오 카세트 CDP 사건'은 이 회장의 이런 의중을 대변해 주는 사례다. 2002년 10월 31일 이 회장은 문득 한남동 자택에서 CD를 사용하기 위해 '라디오 카세트 CDP'를 찾았다. 이 회장은 소비자로서 요모조모 살폈고 버튼 조작이 불편하다는 느낌을 받았다. 특히 디자인에도 '삼성의 혼(魂)'이 담겨 있지 않다고 판단했다. 그는 담당인 삼성전자의 진대제 사장과 블루테크의 안태호 대표를 한남동으로 불러 디자인 연구 토론회를 열었다. 이 자리에서 이 회장은 라디오 카세트 CDP의 기능과 디자인의 문제점을 조목조목 지적했다.

"디자인에서부터 삼성의 아이덴티티가 없으면 개발하지 않은 것만 못해요. 신기종을 만들더라도 온·오프 같은 주요 키들은 원래 위치를 유지해야 소비자들이 불편해 하지 않아요. TV나 컴퓨터, 그리고 오디오 등은 통합 리모컨처럼 그룹별로 디자인을 통합해야 아이덴티티를 높일 수 있습니다."

'아이덴티티'는 이 회장이 디자인 혁명을 주창하면서 내세운 모토다. 그런데 일부 제품이긴 하지만 여전히 자신의 철학을 제대로 담아 내지 못하고 있다는 점에서 이 회장의 불만은 컸던 것이다.

이 회장이 디자인 경쟁력 향상을 위해 '비상'을 건 것은 비단 그때만이 아니었다. 1995년 10월 말쯤, 삼성 최고경영자들의 게시판에는 '회장의 특별지시'가 떴다. 그것의 요지는 다음과 같았다.

"디자인 조직은 너무 배타적이다. 특정 대학 출신끼리 밀어 주고 끌어 주는 바람에 타 대학 출신들은 설 자리가 없다. 학벌이나 따지고 앉아 있으니 무슨 창의성이 나오겠나."

회장 비서실과 삼성전자 등 주요 계열사 관련 조직이 발칵 뒤집혔다. 이 회장은 당시 외부 인사와의 점심식사 자리에서 디자인 조직의 문제점을 소상하게 들었던 것으로 알려졌다. 그는 디자인 혁신 없이는 질경영이 이뤄질 수 없다고 판단하고 1996년 신년사에서 '21세기 기업경영에서는 디자인과 같은 소프트웨어 경쟁력이 최대 승부처'라고 선언했다. 비서실은 회장의 디자인 경영 철학을 뒷받침하기 위한 후속 조치들을 속속 내놓았다. 비서실에 디자인 관련 전담 임원을 두고 디자인 이념 정립과 함께 삼성 디자인상도 제정했다.

이 회장은 늘 "소니나 벤츠는 멀리서 봐도 소니나 벤츠임을 알 수 있는데 삼성 제품은 모방만 하다 보니 삼성만의 아이덴티티가 없다"고 지적해 왔다. 그래서 당시 이 회장이 던진 '석굴암'이라는 화두는 더욱 의미 있다. 이것은 석굴암에서 삼성 디자인의 아이덴티티를 발굴해 내는 것을 뜻한다. 이 회장은 석굴암 관련 자료들을 우연히 접하면서 과학성과 참배객을 위한 배려에 큰 감명을 받았다. 다시 말해 이 회장은 석굴암에 녹아 있는 동양적인 미와 서양의 합리적인 과학성, 즉 참배객(고객)의 입장을 배려한 설계, 석조의 부식을 막기 위해 불상 주변 밑바닥에 물을 흐르게 한 조상들의 지혜는 삼성이 당연히 배워야 할 점이라고 생각했던 것이다.

삼성의 디자인 혁신을 위해서는 우선 각사 최고경영자들에게 디자인 마인드를 제고하고 디자인 인력을 확보하며, 확보한 인력들이 제대로 일할 수 있는 분위기를 조성하는 게 급선무였다. 그러나 실행 과정에서 일어난 불미스러운 일이 한두 가지가 아니었다. 디자이너와 엔지니어 간에 영역 다툼이 벌어져 얼굴을 붉히는 일이 다반사였다.

삼성 디자인사(史)에서 '디자이너의 창의성은 존중돼야 한다'는 원칙이 정착된 계기가 된 사건이 있었다. 삼성은 산업디자인 인력을 육성하기 위해 1996년 외국인 교수 5명을 채용해 IDS(Innovative Design lab of Samsung)를 설립했다.

초대 원장으로 관리 전문가가 임명됐고 운영 과정에서 원장과 교수들 간의 알력이 불거졌다. 디자인 마인드가 부족했던 원장은 외국인 교수들을 '관리'하려 했고 교수들은 창의성을 꺾는다며 반발하고 나섰다. 참다 못한 교수들은 이 회장에게 "디자인을 잘 모르는 원장이 커리큘럼에 대해 사사건건 간섭하고 나서 도저히 학습 분위기가 조성되지 않고 있다. 우리를 왜 뽑았느냐. 이런 분위기에서는 도저히 못하겠다. 차라리 미국으로 돌아가겠다"는 내용의 장문의 편지를 보냈다.

편지를 읽고 난 이 회장은 곧바로 현명관 비서실장에게 전화를 걸어 "어렵사리 뽑아온 인력들을 왜 제대로 활용하지 못하는가. 국제화된 디자이너들을 양성하라고 했더니 저렇게 억누르면 경쟁력 있는 디자이너가 어떻게 나오겠나. 무슨 일이 있었는지 당장 알아보라"고 지시했다. 비서실에서는 즉각 IDS에 대한 특별감사에 나섰고 관리에 문제가 있다는 보고서를 작성했다. 비서실은 개선방안도 제시했다.

휴대폰, DVD, 초박막액정표시장치(TFT-LCD) 등 삼성전자 제품은 2003년 6월경 미국 산업디자이너협회 디자인 상(IDEA, Industrial Design Excellence Awards)을 수상했다. 세계적인 브랜드 컨설팅 회사인 인터브랜드는 2003년 '삼성' 브랜드 가치를 108억 달러로 평가하면서 지난 2002년에 비해 31퍼센트 향상됐다고 밝혔다.

삼성 스스로도 브랜드 가치 급상승의 일등 공신은 디자인 부문이라고 평가하고 있다. 디자인을 비롯한 소프트웨어가 21세기 기업 경쟁력의 승부처가 될 것이라는 이 회장의 1996년 신년사는 확실하게 입증되고 있는 셈이다.

10년 만에 이뤄낸 삼성의 디자인 혁명 | 후쿠다 고문과의 인터뷰 |

삼성의 디자인 개혁을 촉발시킨 '후쿠다 보고서'의 주인공 후쿠다 시게오 전 삼성전자 고문. 일본 NEC 디자이너 출신인 그는 미국에서 산업디자인을 전공한 수재로서 1948년 일본 고베에서 태어났으며, 교토 공예섬유대 의장공예학과와 미국 일리노이 공과대학원 디자인학을 수강했다. 1975~1983년 NEC 디자인센터, 1983~1989년 교세라 디자인실 경영전략팀에서 근무하다 지난 1989년 삼성전자 정보통신 부문 디자인 고문으로 영입됐다.

후쿠다 씨는 삼성 디자인 부문의 문제점을 정리한 보고서를 1993년 6월 일본에서 이 회장에게 전달하면서 주목을 받았다. 후쿠다 보고서는 당시 경영자들이 디자이너를 심부름꾼 정도로 인식하고 이것저것 지시하기만 좋아한다고 꼬집어 눈길을 끌었다. 후에 이 보고서는 삼성에 입사하는 디자이너들이라면 가장 먼저 읽어야 할 필수 교과서 역할을 하게 된다.

이건희 삼성 회장과는 어떤 인연인가요?

지난 1993년 6월 5일 도쿄 오쿠라 호텔에서 사장단 회의가 끝난 후 만난 게 첫 대면이었습니다. 이 회장은 삼성의 디자인뿐만 아니라 한국의 디자인을 어떻게 발전시킬까 고민하는 사람이었어요. 그에게는 하루빨리 경쟁력을 높여야 한다는 강한 신념이 있음을 느꼈어요. 그 자리에서 이 회장은 디자인 교육, CAD, 디자이너 역할과 경영 자원화 등 디자인 발전에 관한 질문을 제게 던졌고, 저는 4년 동안 삼성전자에서 보고 느낀 점을 정성껏 있는 그대로 대답한 것으로 기억됩니다. 그날 토론은 심야까지 이어졌는데 당시 상황은 지금도 잊지 못할 추억으로 남아 있습니다. 단순히 큰 회사의 경영자로서가 아니라 인간으로서의 매력을 강하게 느꼈지요.

이 회장의 경영 능력을 일본 소니 등 경쟁사의 CEO들과 비교해 어떻게 평가하십니까?
일본 대기업 경영자들에 대해 자세히 몰라 답하기 곤란합니다. 하지만 이 회장은 장래에 대한 전망이 상당히 명확하고 전략도 매우 구체적인 분이라고 생각합니다. 그런 측면에서 현재 일본 기업의 사장 중 비교할 만한 사람은 드물다고 봅니다. 1996년의 경영방침은 대표적인 예입니다. 큰 감동을 받았는데 디자인에 대한 관심을 집중시킨 것에 늘 감사하게 생각합니다.

삼성의 디자인 부문이 발전을 거듭했는데 그 과정에서 어떤 것을 느끼셨습니까?
1990년대 삼성전자 디자인 발전 속도는 매우 빨랐어요. 그 과정에서 보여준 이 회장의 추진력은 대단했습니다. 일본 기업이 20~30년에 걸쳐 이룬 것을 불과 10년 만에 달성한 셈인데 삼성전자 디자이너들의 노고가 누구보다 컸다고 봅니다. 현재 설비, 장소, 정보기기 같은 하드웨어적 요소뿐 아니라 사고방식, 인재, 전략 등의 소프트웨어를 고루 갖추고 있어 세계적인 수준이라고 생각합니다.

삼성 디자인 부문이 더욱 발전하려면 무엇이 필요한지요?

상당히 곤란한 질문입니다. 대량생산, 대량소비의 20세기형 사회경제가 끝나고 다음은 어떻게 될까라는 것을 누구도 정확하게 예언할 수 없기 때문이지요. 지금 중요한 것은 삼성의 디자이너가 모두 현재의 의식과 위기감을 지속적으로 가지는 것이라고 봅니다. 실제로 지금까지의 노력 이상을 요구받게 될 겁니다. 그렇지 않으면 계속 발전할 수 없고 오히려 쇠퇴할지도 모릅니다. 개인적으로는 디자인이 경영자원으로 됐다는 점에서는 성공했다고 생각하지만 한층 더 견고한 반석을 쌓아야 합니다. 또 세계 시장에서 디자인을 통해 삼성문화의 인지도를 높이는 것이 중요합니다. 단 한번의 실패도 허락하지 않는다는 긴장감이 있어야 합니다. 왜냐하면 브랜드 파워는 자칫 하루아침에 붕괴될 수도 있기 때문이지요. 삼성의 디자인 인력은 이 속도대로 나가 세계 시장에서 경쟁해야 합니다.

한데 모아 시너지 효과를 높여라

국제 경쟁력 높이는 복합화 철학

일본 복합화 시설 시찰

이 회장은 1993년 9월 초 이학수 비서실 차장에게 관리본부장들이 일본의 복합화 시설을 둘러보는 프로그램을 마련하도록 지시했다. 그에 따라 안복현 제일모직 관리본부장(현 제일모직 사장), 김순택 삼성전관 관리본부장(현 삼성SDI 사장) 등 20명의 관리본부장들은 일본을 배우기 위해 26박 27일 일정으로 일본 출장길에 올랐다. 관리본부장들이 둘러본 곳은 후쿠오카 돔, 최신식 인텔리전트 빌딩인 NEC 본사, 규슈 지역 호텔과 미야자키 현에 소재한 복합휴양지 시가이야 등 10여 개 복합 시설물이었다.

후쿠오카 돔은 스포츠 경기는 물론 공연장, 놀이공간, 쇼핑몰 등의 부대시설들이 복합적으로 어우러져 운영되고 있는 곳이며, NEC 빌딩은 벽 사이로 연결된 파이프라인에 공기 압력으로 서류를 옆 부서로 옮기는 혁신적 시스템을 설치한 것이 특징이다.

당시 일본 출장을 가게 된 당사자들은 느닷없이 한 달간이나 일본을 다녀오라는 말에 모두 의아해했다. 더욱이 회사 살림을 맡고 있는 관리본부장을 한 달씩이나 빼는 것도 이해가 되지 않았다. 그런데 일본 북쪽에서 남쪽까지 모조리 훑다보니 회장이 왜 일본 출장을 제의했는지를 이해하게 됐다.

그 당시로서는 생소했던 주상복합 건물, 축구장, 리조트, 호텔은 물론 일본 문화시설을 체험하면서 우리의 현주소를 깨닫게 된 것이 가장 큰 성과였다.

이 회장이 관리본부장들을 한 달 동안 차출, 일본의 복합화 시설을 둘러보게 한 것은 여러 가지 메시지를 담고 있다. 이 회장은 1993년 3~8월에 있었던 프랑크푸르트·오사카·런던 등 해외 간담회에서부터 복합화 철학을 강조해 왔다.

"빌딩을 옆으로 넓히지 말고 위로 높이자. 좁은 국토를 효율적으로 이용해야 한다. 한 곳에 모든 임직원이 모여 산다면 40초 만에 모일 수 있다. 이게 바로 경쟁력이다. 물류 비용이 줄고 경영 스피드가 제고된다. 교통 체증도 없어진다. 이게 바로 복합화다."

이 회장은 자신의 이런 철학을 삼성의 중심인 관리본부장들이 깨달을 수 있도록 하기 위해 '복합화 시찰단'을 일본에 보낸 것이다. 더불어 변화를 가장 두려워하는 관리본부장들에게 변화의 중요성을 일깨우게 하려는 복선도 깔려 있었다.

사업 곳곳에 스며든 복합화 철학

복합화는 삼성 신경영의 핵심이 됐으며 시설 및 단지, 제품, 인재개발 등 곳곳에 녹아 있다.

먼저 병원 복합화의 경우를 살펴보자. 이 회장은 삼성서울병원 건설 과정에서 검진센터, 생명과학연구소, 의사실, 안과 등의 기능이 복합적으로 들어가야 한다고 수차례 강조했다. 동시에 동선관리에 각별히 신경쓰라는 당부도 잊지 않았다. 이렇게 복합화함으로써 환자들이 기다리지 않는 병원, 보호자가 필요 없는 병원을 만들라는 의미였다. 또 지하실을 깊이 파서 지하공간을 적극 활용해야 하며 지하에서 근무하는 직원들을 위해 햇빛이 스며들 수 있는 방안을 연구하도록 지시하기도 했다는 것이 신필렬 삼성서울병원 부원장(현 삼성라이온즈 사장)의 전언이다.

삼성서울병원은 이 회장의 이런 관심 속에서 1995년 개원한 후 태평양 지역 미국 대통령 전용 병원으로 지정됐다. 미 대통령이 태평양 지역을 순방하다 불의의 사고를 당할 경우 삼성서울병원이 지정병원이 된다는 의미다. 물론 사전에 미 대통령 경호실이 삼성서울병원에 대한 실태조사를 벌였다.

삼성생명이 운영 중인 용인 노블카운티와 안성 일대에 추진 중인 장묘사업 '청록원 프로젝트'도 복합화 개념이 철저히 적용되고 있다. 노블카운티는 노년층의 휴양소에 어린이집, 문화 및 예술공간을 함께 구비해 입주자, 지역 주민, 어린이 등이 함께 어울리는 복합공간이다. 이 회장은 노블카운티의 주거공간, 어린이집, 중풍 및 치매 환자의 요양공간인 너싱홈 등 구석구석을 둘러본 후 화장실과 거실의 턱을 없애고 삼성서울병원과 협조해 너싱홈을 효율적으로 운영하도록 지시했다. 청록원 프로젝트도 장묘 시설은 물론 휴양, 문화공간, 농촌체험관, 주말농장 등 복합화 차원에서 추진되고 있다.

해외공단 개발도 이 회장의 복합화 철학이 담겨 있다. 복합화 개념이 도입된 삼성의 첫 해외공단은 말레이시아 셀렘방 공단이다. 이 공단은 삼성전자, 삼성SDI, 삼성코닝 등 관계사가 복합화 차원에서 개발한 첫 공단으로 이를 통해 물류비 절감, 교육, 채용, 정보공유 등 상당한 시너지 효과를 얻고 있다고 이정화 삼성SDI 전무는 설명했다.

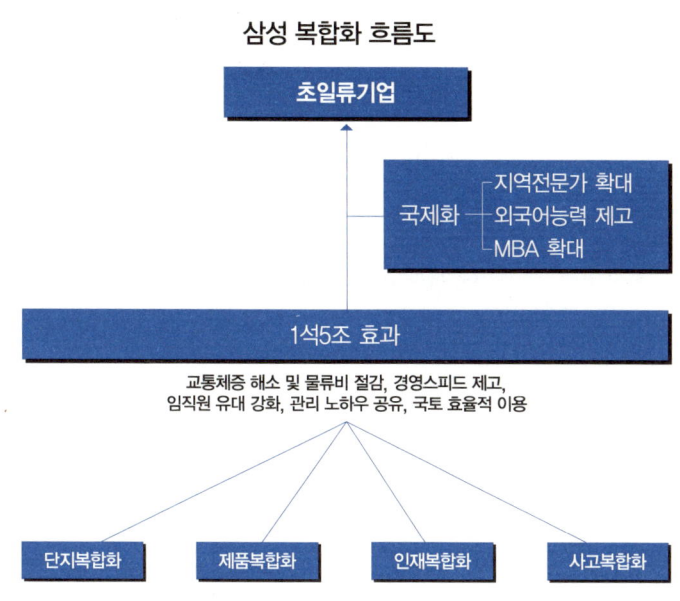

삼성의 중국 사업도 철저한 복합화 전략이 스며 있다. 삼성의 중국 생산법인은 모두 27개로 톈진(天津), 쑤저우(蘇州), 광둥(廣東) 등 3개 지역을 중심으로 포진해 있다.

톈진에는 전자의 VCR, TV, 전화기, 가전제품 공상과 SDI의 브라운관, 전기의 부품, 테크윈의 카메라 공장 등 11개 법인이 자리잡고 있다. 쑤저우에는 반도체 및 LCD 모듈, 노트북 PC, 백색가전 공장이 가동 중이며 전기 및 SDI 부품 공장이 조만간 건설될 예정이다. 광둥에는 SDI의 브라운관, 코닝의 유리, 전기의 부품, 전자의 오디오, CDMA 공장이 붙어 있다.

이렇게 볼 때 "인력 확보와 물류, 현지 정부와의 업무 추진 등 복합화의 장점은 한두 가지가 아니라고 할 수 있다"고 이형도 중국 삼성본사 회장은 분석했다.

테크노 MBA제도

인재육성에도 이 회장의 복합화 철학이 녹아 있다. 1995년 이 회장은 현명관 당시 비서실장에게 전화를 걸어 '테크노 MBA' 도입을 지시하면서 이렇게 말했다.

"이공계 인력 육성을 그렇게도 강조했는데 아직 시행하지 않고 있습니까? 과학기술원(KAIST)과 협의하세요. 중국이 몰려오고 있어요. 중국 지도부의 70퍼센트는 이공계 출신입니다."

테크노 MBA제도는 이공계 인력들이 미래 최고경영자가 되기 위해서는 기술뿐 아니라 경영도 알아야 한다는 이 회장의 판단에 따라 도입된 것으로, 인재 복합화가 그 저변에 깔려 있다. 그러나 테크노 MBA제도의 도입은 생각만큼 쉽지 않았다.

이 회장이 1990년대 초부터 이 제도를 서둘러 도입하라고 지시했음에도 불구하고 당시 최고경영자들은 그것의 실시를 미뤘다. 그들은 막대한 예산을 들여 일 잘하는 전문인력을 2년 동안 해외에 보내는 것을 그다지 흔쾌하게 받아들이지 않았던 것이다.

이 회장은 테크노 MBA에 선발된 사람들의 인사자료를 직접 챙겨 보면서 면면을 검토했을 정도로 관심이 높았다. 2002년 말까지 400여 명이 테크노 MBA 과정을 수료했으며, 2003년에도 추가로 30여 명이 수료할 예정이다.

삼성전자가 2002년부터 회사 비전으로 설정하고 있는 '기술 융복합화를 통한 컨버전스'라는 모토도 사실 이 회장이 1980년대 후반부터 강조했던 제품 복합화의 새로운 버전이다. DVD 콤보, 카메라폰, 공기청정기가 내장된 에어컨, 디지털카메라가 내장된 캠코더 등 복합 상품들이 시장을 휩쓸고 있다.

복합화는 제품의 질 제고는 물론 비용 절감, 물류 비용 감소, 교통 체증 해소, 경영 스피드 제고, 임직원 유대감 향상 등 1석5조의 효과가 있는 이 회장 경영철학의 중심 테마다.

복합화의 꿈 접은 도곡 IT프로젝트

이 회장이 구상한 복합화의 꿈은 사실 실현되지 못했다는 평가를 받고 있다. 그의 복합화 구상은 태평로 금융복합단지, 서초동 패션복합단지, 도곡동 IT복합단지 등 삼성 계열사들을 3대 축으로 연결시키는 것으로 이 유기적 연결의 핵심은 도곡동 IT단지였다.

도곡동 프로젝트가 사실상 무산됐던 지난 1998년 이 회장은 "아까운 자식 한 명을 잃었다"는 말을 몇 번씩이나 되뇌었다고 한다.

이 회장은 1993년 말 송년모임에서 현명관 당시 비서실장에게 21세기 동북아 시대를 대표하는 고품위의 세계적인 복합단지를 건설해야 한다는 생각을 밝혔다. 1994년 결성된 신경영추진팀은 회장의 복합화 철학을 뒷받침하기 위한 부지 물색 작업에 들어갔다. 복합단지 건설에는 최소 2만 평의 부지가 필요하다는 게 당시 추진팀의 결론이었다. 그러나 서울에서 2만 평 나대지를 찾기란 사실상 불가능했다. 불행 중 다행으로 당시 서울시가 추진 중이던 도곡동 체비지 매각에 참여해 계열사들이 상당히 높은 가격으로 땅을 사들였다. 삼성이 매입한 부지는 총 2만 2,714평으로 매입 금액은 6,226억 원이었다. 평당 2,700만 원을 줬으니 당시로서는 매우 높은 가격이었다.

이 회장은 신경영추진팀에게 뉴욕의 록펠러센터, 오사카의 '신 우메다 시티(Shin Umeda City)', 필라델피아의 '리버티 플레이스(Liberty Place)' 등 세계적 명물들을 직접 벤치마킹하라고 지시했다.

1996년 1월 이승한 당시 신경영추진팀장(현 삼성테스코 사장)은 한남동을 방문해 '도곡 시너지 파크 건립 계획안'을 보고했다. 그 계획안의 골자는 지상 111층(450미터), 연면적 32만 평에 비즈니스(오피스, 호텔, 컨벤션센터), 커머셜(쇼핑, 휴게, 스포츠 및 레저), 퍼블릭(문화예술, 지역주민 화합공간) 등 3개 카테고리의 관련 시설들을 집어넣는 것이었다. 미국 시어스타워가 443미터, 말레이시아 KLCC가 446미터인 점을 감안할 때 세계 최고층이었다.

당시 도곡동 프로젝트에 관한 이건희 회장의 집념과 관심은 대단했다. 이 회장은 이곳에 삼성 임직원들을 대부분 입주시켜 엘리베이터를 타고 30초 만에 회의가 이뤄질 수 있는 직주일체형 공간을 구상했다.

신경영추진팀은 이 회장에 대한 보고가 끝난 후 미국 'SOM'을 설계 전문업체로 선정하는 등 본격적인 준비작업에 들어갔으나 주민들의 반대와 IMF체제라는 위기 상황을 맞았다. 도곡동 프로젝트는 이 과정에서 주상복합 건물로 '용도변경' 됐으며 이 회장은 꿈을 접어야 했다.

이 회장은 IMF체제 당시 유동성 확보를 위해 도곡동 부지를 나대지로 매각하려던 삼성전자, 삼성생명, 삼성중공업, 삼성건설 경영진에게 "이 땅이 어떤 부지인데 한치 앞을 내다보지 않고 팔려고만 하느냐"면서 주상복합 건물로 개발해 분양하도록 했다. 그리고 건설 과정에 몇 번씩 현장을 방문해 "분양하더라도 우리 것이라는 신념으로 지으라"며 삼성의 혼이 들어가야 한다는 점을 역설했다.

현재 도곡동에 세워진 주상복합 건물 타워팰리스는 기존의 획일적 아파트 문화에서 벗어나 '새로운 주거문화'를 실험하고 있다. 물론 타워팰리스에는 실내체육관, 금융시설, 쇼핑공간 등 복합화 개념이 녹아 있지만 이 회장이 당초 구상한 복합화와는 거리가 멀다는 게 일반적인 평가다.

국민·정부· 기업의 삼위일체론

우국충정의 북경 발언

북경 발언으로 신경영 진로 수정

1995년 4월 13일 오후 12시 중국 베이징 댜오위 타이 국빈관에서 이건희 회장과 국내 언론사 베이징 주재 특파원과의 오찬을 겸한 기자 간담회가 열렸다. 전날 장쩌민 중국 주석, 리펑 총리와의 면담 관련 내용 등에 대한 질문과 대답이 오갔다. 이 자리에서 이 회장은 "행정규제, 권위의식이 없어지지 않으면 21세기에 한국이 일류 국가가 될 수 없다. 우리나라의 정치는 4류, 관료와 행정조직은 3류, 기업은 2류다"라는 요지의 발언을 했다.

같은 날 오후 3시 기자 간담회를 마친 이 회장은 주중 한국 대사관에서 황병태 당시 주중 대사와 면담을 진행하고 있었다. 그런데 갑자기 대사관 직원들이 바쁘게 움직이기 시작했다. 청와대로부터 '이 회장이 기자들과 나눈 대화 내용의 진의를 파악하라'는 메시지를 받았던 것이다. 보도도 되기 전에 이미 사정을 알게 된 청와대가 불쾌한 반응을 먼저 보인 것이다. 이른바 '북경 발언' 파문의 시작이었다.

이 회장을 수행하던 김순택 비서실 부사장 등도 서울 본사로 긴급 전화를 거는 등 바빠졌다.

한 시간 뒤인 오후 4시쯤 서울 삼성 본관 회의실에 삼성의 수뇌부들이 속속 모여들었다. 현명관 당시 비서실장 주재로 이른바 '북경 발언 진화 긴급회의'가 열렸다. 현명관 실장을 비롯해서 서울에 남아 있는 비서실 팀장들과 일부 계열사 사장단이 머리를 맞댔지만 별다른 대책은 나오지 않고 상황은 심각해져만 갔다.

급기야 청와대 정무수석실이 공식 해명을 요구하고 나왔다. 경제수석실이 아니었다는 점에서 문제는 이미 정치적인 사안이 된 것이다. 심지어 '기관원'까지 움직였다고 한다.

그날 이 회장은 톈진에서의 일정이 바뀌는 바람에 베이징에서 간단하게 차 한잔하며 기자 간담회를 하려던 것이 오찬으로 변경됐고 분위기는 시종일관 좋았다. 이 회장은 그 자리에서 나라가 잘되려면 국민·정부·기업이 삼위일체가 돼 다 같이 노력해야 한다는 점을 강조했다. 4류, 3류 발언도 그런 맥락에서 나왔고 참석자 모두 고개를 끄덕이며 그 말에 공감을 표시했었다.

그러나 청와대 측의 반응은 달랐다. 정부를 비판하는 내용이라며 진상 파악에 나선 것이다. 그 이전까지 YS정부와 삼성의 관계는 밀월이라고 불러도 좋을 만큼 긴밀했던 게 사실이다. 이 회장의 신경영 선언에 자극받은 당시 문정수 민자당 사무총장이 삼성에 사무국 요원 교육을 부탁했었고 최형우 내무장관, 전국 도지사 등 고위 관료들까지도 대여섯 차례 삼성연수원에서 교육을 받을 정도였다.

북경 발언은 이 모든 것을 비껴 놓았다. 당시 청와대의 한 고위 관계자는 "삼성이 연이 닿는 모든 인사를 총동원해 대통령의 공식 및 비공식 핵심 라인과 접촉, 이 회장 발언의 진의를 해명했던 것으로 알고 있다. 그러나 청와대 측 반응은 싸늘했다. 그렇더라도 현대로 인한 반사이익을 본 것은 사실"이라고 말했다.

정주영 회장의 대선 출마로 곤욕을 치른 현대에 비해 낫다고는 하지만 삼성도 정부와의 불편한 관계 속에서 부동산 투기 진상조사 등 눈에 보이지 않는 압박을 받았다.

북경 발언은 삼성의 신경영 추진 진로에도 영향을 미쳤다. 이 회장은 늘 삼성만이 아니라 국민·정부·기업이 하나가 돼 전부 변화해야 한국이 경쟁력을 가지고 세기말적 변화에 대응할 수 있다며 삼위일체를 강조했다.

정부는 정책을 통해서, 국민은 따뜻한 이해와 격려를 통해서 기업을 뒷받침해 주고, 기업은 좋은 물건을 빨리 값싸게 만들어서 세계 시장에 내다 팔고 여기서 얻은 이윤을 국민과 사회를 위해서 쓰겠다는 자세를 갖추어야 한다는 것이다. 신경영 선언 이후 외부 강연 등 사회적인 활동을 활발하게 벌인 이유도 이러한 이유에서였다. 그러나 북경 발언 이후에는 정치·사회적 여건 때문에 신경영의 정신이 회사 내부로만 향하게 됐다.

당시 전략홍보 팀장이었던 배동만 제일기획 사장은 "사실 북경 발언은 이 회장이 맹렬한 속도로 쫓아오는 중국의 추격을 느끼고 삼위일체를 통해 사전에 대비할 것을 호소한 것이었다. 그러나 이처럼 정치·사회적인 현실 때문에 삼성이 제자리걸음을 하게 된 것은 모두에게 안타까운 일이 아닐 수 없었다"고 말했다.

삼위일체론은 1993년 이 회장이 당시 비서실 신경영추진팀에게 내린 지시에서 구체적인 모습을 엿볼 수 있다. 지시의 대강은 이런 내용이었다.

"국가 경쟁력이 높아져야 기업 경쟁력도 높아지므로 국가 경쟁력을 높이기 위해 기업이 할 수 있는 일들을 찾아보라. 이런 차원에서 1억 평 규모의 국제자유무역도시 건설을 기획해 그 안을 정부에 제시하라. 계획을 짤 때는 물류와 효율적인 국토 활용을 염두에 두고 특히 도로폭이 100미터 이상이어야 하며 지하공간도 충분히 활용하는 방안을 강구해야 한다."

청와대에 제안한 민자 참여 프로젝트

1993년 말 삼성은 영종도 일대로 지목한 '1억 평 프로젝트' 등 총 20개의 사회간접자본(SOC) 민자 참여 검토 프로젝트를 청와대에 제안했다. 경인운하, 상암동 텔레포트시티, 김포 하이테크노시티, 용산 비즈니스센터, 천안 신도시, 경량철도, 부산 신항만, 부산역 재개발, 동서고속철도…….

당시 삼성이 제안한 프로젝트 가운데 일부를 제외한 대다수가 현재 조금씩 변형된 형태로 사업이 진행되고 있다. 경제특구로 지정된 영종도 일대가 대표적인 사례다. 이 회장이 발상한 1억 평은 홍콩·싱가포르 정도의 크기로, 이런 크기의 국제자유무역도시를 건설하면 홍콩·싱가포르쯤이야 충분히 앞지를 수 있다는 게 이 회장의 생각이었다.

신경영 선언이 있기 직전, 이 회장이 등에 식은땀을 흘릴 정도로 절박한 위기의식을 느꼈던 것도 결국 삼성 하나만 잘되자는 게 아니라 우리 경제가 세계적인 경쟁력을 갖춰 나가는 데 삼성이 촉매제로 앞장서야 한다는 믿음에서 시작된 것이었다. 우국충정의 경제인으로서 기업 이익에 앞서 국가의 장래를 먼저 걱정하고 국가 이익과 발전을 앞세워야 한다는 것은 그가 부회장 시절부터 가져온 신념이었다.

1979년 이 회장은 그룹 부회장이 되면서부터 또 하나의 직함을 받게 되었는데, 그것은 해외사업추진위원장이었다. 당시 삼성은 중동 시장 개척을 위해 신원개발을 인수했는데 그 회사가 국제 계약 능력도 없는 상태에서 무리하게 수주하는 바람에 이라크 움카슬의 5·6·7 부두공사가 진행되지 않는 상황이었다. 이라크에서는 중요한 사회간접자본이어서 이라크 정부가 우리 정부에 항의하는 등 정부 측 고민도 컸다.

그때 이 회장은 해외사업추진위원장 자격으로 "부도 사태가 나면 주식회사 대한민국의 이미지가 떨어진다. 손익은 차후문제"라며 공사 강행을 지시했다. 계약서상 공사비가 3,400만 달러였는데 7,000만 달러가 소요됐다. 결과적으로 배 이상의 손해를 본 셈이었다. 그러나 부두공사의 성공은 이후 북한과 더 가까웠던 이라크가 우리 정부와 수교하는 데도 일조했다는 것이 양인모 삼성엔지니어링 부회장의 설명이다.

한편, 이 회장은 신경영 2기를 선언하며 '국민소득 2만 달러'라는 화두를 던졌다. 이에 대해 이순동 구조조정본부 홍보팀장은 "지금은 '마(魔)의 1만 달러 덫'에 잡힌 상황"이라며 "당장의 제몫을 찾기보다는 전체 파이를 키우기 위해 온 국민이 노력해야 할 때"라는 의미로 해석했다. 사회가 위기의식을 갖고 변화를 준비해야 한다는 북경 발언의 연장선상에서 이해될 수 있는 이야기다.

이 회장은 삼성이 할 수 있는 일로 '나라 위한 천재 키우기'를 제시했다. 세계적으로 경쟁은 치열해지고 불확실성은 더욱 커지는 미래에 우리 경제가 살아남을 수 있는 길은 인재양성밖에 없다는 지적이다.

2002년 장학재단을 만들어 삼성 입사 유무에 관계없이 '한국을 위해 일한다'는 조건만 붙인 채 해외 유학을 보낸 것도 이 말을 실천하기 위한 한 방안이었다. 이 회장의 표현을 빌리면 '사과를 얻겠다는 것이 아니고 사과나무를 심겠다는 의미'에서 장학재단이 세워진 것이니만큼 사과나무에서 어떤 사과들이 열릴지 기대해볼 만하다.

'잠옷' 입은 내가 어떻게 정치하나 | 이건희 회장의 정치관 |

1994년 10월 이 회장은 '서울 정도 600주년 기념행사'의 하나로 주한 영국 대사관이 마련한 이벤트에 참석차 방한한 마이클 헤즐타인 영국 상공부 장관과 저녁식사를 함께 했다. 당시 삼성은 영국 윈야드에 전자복합단지 건설을 추진하고 있었다.

두 사람은 집 구조, 정원 가꾸기 등 다양한 얘기를 나눴다. 그때 갑자기 헤즐타인 장관이 이 회장에게 정치를 해도 잘할 것 같다고 말했다. 이 회장은 헤즐타인 장관의 말이 끝나기가 무섭게 자신이 정치를 할 수 없는 3가지 이유를 댔다.

"첫째, 선친이 장사하는 것을 보며 세 살 때부터 주판을 갖고 놀았다. 나는 정치보다 장사를 잘 알고 거기에 맞는 사람으로 키워졌다. 둘째, 기업하는 사람이 정치에 발을 디딘 경우를 쭉 봤지만 기업이 제대로 안 되는 것 같다. 정치 불안에 기업이 영향을 받는다. 셋째, 난 양복과 잠옷만 있고 중간 옷이 없다. 잠옷 입고 있는 시간이 더 많은데 잠옷 입고 정치할 수는 없지 않겠나."

마지막 말에 좌중은 온통 웃음바다가 됐고 분위기는 더욱 화기애애해졌다.

'잠옷'은 이 회장의 속뜻이 담긴 은유적 표현이었다. 기업인이 정치인과 가까워져서는 안 된다는 게 이 회장 나름의 신념이었던 것이다. 결국 이 같은 정서는 김우중 대우그룹 회장과의 관계까지 껄끄럽게 만들었다. 1992년 4, 5월 무렵, 이 회장은 당시 김우중 대우그룹 회장이 그해 연말 대선에 나오려고 한다는 얘길 듣고 "기업인은 기업인이어야 하는데…" 하며 우려를 표시했다. 아니나 다를까 얼마 지나지 않아 김 회장이 이 회장을 만나 대선 출마를 밀어달라고 도움을 요청했다. 그 자리에서 이 회장은 "출마 포기하시죠"라는 말을 서슴없이 던졌다. 이후 서로 불편한 사이가 되고 말았다.

우연이든 필연이든 기업 총수가 정계에 입문하려 했던 많은 기업들이 제대로 성장하지 못했다는 사실을 되짚어 보면 정치와의 절연은 삼성이 세계적인 기업으로 성장하고 있는 데 주요한 밑거름이었다고 해석할 수 있다.

유럽 강소국을 배우자

국가 경쟁력과 대기업의 사명감

소득 2만 달러 시대 견인차는 기업이다

강대국에 비해 자원이 부족하고 국토가 작은 우리나라가 잘사는 방법은 무엇일까? 경제력이 국력인 세상에서 경제력을 키우면 강대국이 될 수 있다. 작지만 강한 나라가 되기 위해 이 회장이 발전 모델로 택한 나라들은 바로 북유럽의 '강소국(强小國)'들이다. 그는 2003년 7월 초 체코 프라하에서 열린 국제올림픽위원회(IOC) 총회에 참석한 후 약 한 달간의 일정으로 '강소국 투어'를 진행했다. 강소국이란 말 그대로 '작지만 강한 나라'를 말한다. 영국·독일·프랑스 등에 비해 작은 나라지만, 2만 달러 이상의 국민소득으로 경제적인 강대국 반열에 우뚝 선 핀란드·스위스·네덜란드가 여기에 속한다.

영국·독일·프랑스 등이 1990년대 초 2만 달러 시대를 열었다면 강소국들은 이미 1980년대에 이를 달성했다. 이 회장이 강소국을 주목한 이유는 국민소득 2만 달러 달성이라는 국가적 과제를 달성하기 위해서 이들 나라를 벤치마킹할 필요성을 느꼈기 때문이었다. 사실 강소국에 대한 이 회장의 관심은 오래 전부터 있어 왔다.

2001년 5월 9일, 주례보고차 한남동을 찾은 이학수 삼성 구조조정본부장은 이 회장으로부터 다음과 같은 이야기를 들었다.

"국민들에게 '규제 없는 나라' '기업하기 좋은 나라'의 모델을 삼성이 앞장서서 제시할 필요가 있습니다. 마의 1만 달러를 돌파하기 위해서는 국민·국가·기업이 힘을 합쳐야 합니다. 그런데 우리나라에서는 기업가가 지탄의 대상이 되고 있습니다. 유럽의 강소국들을 보고 배워야 합니다."

비슷한 시기에 열린 전자 사장단 회의에서도 이 회장은 강소국에 대한 자신의 의중을 내놓았다.

"핀란드·스웨덴 등 북유럽 국가들은 우리나라처럼 규모는 작지만 세계적인 대기업들이 국제 경쟁력을 갖추면서 강국의 위치를 확보했습니다. 우리도 이들 강소국처럼 대기업들이 국가 경제 활성화에 대한 사명감을 가져야 합니다."

이 본부장은 당시 최우석 삼성경제연구소장, 구조조정본부 이순동 홍보팀장, 장충기 기획팀장에게 이 회장의 뜻을 전달하면서 즉시 강소국에 대한 기본 자료와 홍보 계획을 만들도록 지시했다. 경제연구소는 10여 명의 실무요원들을 차출, 스웨덴·핀란드·스위스 등 강소국을 탐방해「유럽 강소국의 기업활동 여건」이라는 보고서를 작성했다. 삼성 홍보팀에서는 기자들을 대상으로 두 차례로 나눠 강소국 투어에 나섰다. 기자들의 반응은 이 회장이 예상한 대로였다.

당시 투어에 참석했던 한 기자는 부존자원이 거의 없는 강소국들이 국민소득 2만~3만 달러를 기록하고 있는 배경에는 창의력과 자율성을 바탕으로 하는 대기업들이 있었음을 알게 되었다고 소감을 얘기했다. 투어단은 기업들의 경영활동을 뒷받침하는 정치 및 행정 시스템에 매우 깊은 인상을 받았으며 우리나라도 이런 분야에서의 개혁이 하루빨리 이뤄져야 한다는 데 생각을 같이했다.

시민단체와의 갈등

강소국 모델은 이 회장의 오랜 고민의 산물이다. 이 회장으로서는 DJ정부 출범 이후 시민단체들의 목소리가 높아지면서 새로운 규제들이 양산되고 있는 상황이 무척 실망스러웠다. 그는 수출을 통해 달러를 벌어들이는 기업가들이 IMF 위기의 주범으로 몰리면서 인간 이하 취급을 받는 현실에 대해 불만을 느꼈다.

그는 특히 기업 실상을 모르는 시민단체들의 주장이 정당시되는 사회 분위기를 어떻게든 제대로 돌려놓아야겠다고 결심했다. 윤순봉 삼성경제연구소 전무는 "대기업에 대한 비난의 목소리가 높아지고 규제가 양산되면서 잘못 형성된 기업 외부환경을 바로잡지 않고서는 선진국 도약이 어렵다는 것이 이 회장이 가지고 있는 고민의 골자였다"고 설명했다.

2001년 1월 초 이 회장은 구조조정본부에서 올린 삼성전자 주총 관련 보고서를 접했다. 핵심 내용은 그해 3월 삼성전자 주총에서 시민단체들이 자신의 주장을 대변할 사외이사를 참석시키기 위해 외국 투자가들을 대상으로 의결권 위임장을 받고 있다는 것이었다. 이 회장은 당시 한 시민단체가 외국 투자가들을 배경으로 삼성전자의 지배 구조에 흠집을 내려는 뜻밖의 움직임을 보고 안타까움을 감추지 못했던 것으로 알려졌다.

이 단체는 삼성전자 사외이사 후보로 국제변호사 출신의 대학교수를 지목하고 그해 3월 주총에서 표대결을 준비하고 있었다. 삼성은 이에 맞서 윤종용 삼성전자 부회장, 최도석 삼성전자 경영총괄사장 등 고위 경영진들을 대거 투입해 해외 투자가를 찾아나섰다. 삼성전자의 지배 구조를 둘러싼 삼성과 시민단체의 장외대결은 선진국의 잣대로 보면 한마디로 웃음거리였다.

시민단체의 사외이사 파견 계획은 이뤄지지 않았지만 이 회장은 한국적 현실에 매우 실망했다. 그는 앞으로 기업에 반대하는 일부 시민단체들의 현실성 없는 목소리가 높아질 것이며 이는 국가 경제에 바람직하지 않다는 결론을 내리고, 핀란드의 노키아, 스웨덴의 왈렌버그 같은 강소국의 대기업 성장 모델에 큰 관심을 가졌던 것이다.

기업을 대표선수로 키우는 강소국

이 회장이 부회장 시절인 지난 1986년, 그는 유럽 출장 중 스위스 일정을 잡도록 비서진에 지시했다. 비서진에서는 출장 중 휴식을 취할 겸 테마 관광지로 제네바·취리히·루가노 호수 등을 정해 일정을 보고했다. 그러나 이 회장은 관광지가 아닌 '스위스의 독종정신'을 중심으로 다시 짜라고 지시했다. 비서진에서는 정밀기계와 정밀화학단지, 군사승마학교, 융프라우요흐 등을 일정에 넣었다.

융프라우요흐는 설경이 극치인 관광지지만 실상은 폭격에도 3개월 이상 버틸 수 있는 터널 등 세계 최고의 인프라로 유명한 곳이다. 이 회장은 자동차를 렌트해 스위스 전역을 방문하면서 스위스의 경쟁력을 몸소 체험했다. 또한 벨기에·네덜란드·룩셈부르크·오스트리아 등도 당시 이 부회장의 탐구 대상국에 포함됐다.

이 회장이 2003년 7월 강소국론을 다시 강조하면서 이들 나라의 역사와 문화 탐방에 나선 것은 1만 달러를 극복하고 2만 달러 시대로 나아가기 위한 방안을 직접 찾기 위한 것이었다. 이 회장 일행은 스웨덴 스톡홀름의 장지 시설인 '우디랜드(Woody Land)', 야외 박물관인 '스캔셈(Scan Sem)', 실버타운인 '필트래드(Pil Trad)', 핀란드의 민속촌인 '세우라사아리'를 방문했다. 그는 우리나라의 실버타운이 주로 교외에 있는 데 반해, 스웨덴은 모두 스톡홀름 시내 중심부에 있는 것을 보고 매우 감탄했다. 이는 노인들의 소외감을 덜어주기 위한 배려라는 것이다.

또 야외 박물관에 전시된 스웨덴의 1800년대 주택에 직접 들어가 각종 가구와 부엌·마루 등 시설들을 샅샅이 둘러봤다. 이곳에는 1800년대 유리공장, 목재공장, 도자기공장 등의 모형도 전시돼 있었다. 이 회장은 바이킹족의 후예인 스웨덴이 가난에서 벗어나 공업국으로 전환하고 거기서 더 나아가 유럽 최대 복지국가로 탈바꿈한 배경에 깊은 관심과 흥미를 느꼈다.

이 회장은 박물관 내부에 1700년대 초등학교 과학실험 기자재들이 유리관에 전시된 것을 보고 스웨덴이 일찍부터 과학기술의 중요성을 깨달았으며 이 같은 역사가 3만 달러 국민소득을 올리는 데 밑거름이 되었다며 감탄했다.

이 회장이 '주식회사 한국'의 미래 성장 모델로 강소국을 택한 데는 그만한 이유가 있다. 무엇보다 주변환경과 여건이 우리와 매우 흡사하다. 스위스·네덜란드·스웨덴·핀란드 모두 지정학적으로 우리와 닮은 꼴이다. 이들 국가는 영국·독일·프랑스 등 지중해 연안의 강대국을 옆에 두고 있고 한편으로는 우크라이나·헝가리·폴란드 등 동유럽 약소국들을 끼고 있다. 일본과 중국이라는 강대국과 인도네시아·말레이시아·태국 등 동남아 개발도상국들이 주변에 있는 우리나라와 비슷하다.

경제구도도 유사하다. 몇몇 대기업이 국가 전체 경제에 미치는 영향력은 절대적이다. 지난 2000년 기준으로 노키아를 선두로 한 핀란드의 10대 기업 매출액은 826억 달러로, GDP(1,183억 달러)의 70 퍼센트 수준을 차지하고 있다. 스웨덴의 10대 기업 매출은 1,218억 달러로 GDP 1,886억 달러의 65퍼센트다. 우리나라의 경우도 삼성전자 등 10대 기업의 매출액은 2,083억 달러로, GDP 4,574억 달러의 46퍼센트를 차지한다.

그러나 기업에 대한 인식과 정서 면에서는 우리와 전혀 딴판이다. 우리나라에서는 경제력 집중이라는 여론이 형성된 반면, 이들 강소국에서는 오히려 국민들이 기업들을 '대표선수'로 키워 나간다.

스웨덴과 핀란드는 자국 기업에 유리한 지배 구조를 만들기 위해 '차등주식제도'를 마련, 기업가의 안정적 경영권을 보장하고 있다. 이 제도는 주식을 '1주1표, 1주10표'의 두 가지 종류로 나눠 창업자가 1주10표를 행사하는 주식을 보유하게 함으로써 적대적 인수·합병(M&A)으로부터 자국 기업을 보호하도록 하고 있다.

반면 우리나라는 외환위기 이후 경제 시스템을 미국식으로 전환하면서 사외이사 도입, 소액주주권 강화 등 대기업 오너들에 대한 견제에 치중하고 있다.

강소국의 경우 대기업의 사회공헌도를 인정하는 분위기가 형성돼 있다는 점도 주목할 만하다. 핀란드의 경우 노키아의 경쟁력과 국제 경험을 국가 전체의 경쟁력으로 연결시키기 위해 총리 직속 기구인 '과학기술정책 이사회'에 노키아의 임원을 참석시키고 있다. 또 정부가 추진 중인 2010년 세계 3대 일류 국가 건설을 위한 '핀란드 인 2015(Finland in 2015)' 프로젝트에 노키아의 경영진이 다수 참여하고 있다.

삼성경제연구소에서는 만약 우리나라에서 이런 제도가 시행된다면 대기업과 정부의 유착이라는 여론이 형성될 거라고 우려한다.

기업가 정신을 고취하는 경제 시스템도 우리가 배워야 할 모델이다. 스웨덴은 하루 24시간 일주일 7일간 쉬지 않고 행정 서비스를 제공하는 '24/7 운동'을 전개하고 있다. 핀란드는 기업 설립에 대한 허가나 통보 절차를 대폭 단축했다. 지난 1996년 6주 걸리던 기간을 최근에는 2주로 단축했다고 한다. 이 나라는 특히 자국민들의 기업 이해도를 높이고 기업가 정신을 구현하기 위해 'Decade of Entrepreneurship 1995~2005' 프로그램을 운용하고 있다.

강소국 모델은 IMF 위기 이후 국내에 이식된 '월스트리트 자본주의'의 부작용에 대한 일종의 대안이다. 경영 투명성만을 지고지순의 가치로 고집하고 있는 월스트리트 자본주의는 한국의 대표선수들의 경쟁력을 약화시키며 이는 곧 국가 경쟁력 약화로 이어질 수밖에 없다는 논리다.

강소국 모델은 이 회장이 국가와 국민에게 던지는 메시지가 아닐까. 물론 여기에는 IMF 위기 이후 삼성의 기업가치가 높아지면서 일각에서 제기되고 있는 경제력 집중에 대한 비판으로부터 삼성을 보호하겠다는 '기업인 이건희 회장'의 보호 본능도 포함돼 있음은 물론이다.

빈민 문제 해결은 대기업의 몫

사회공헌 철학

보육사업에 쏟는 남다른 애정

이 회장은 2002년 5월 경기도 용인 삼성인력개발원에서 열렸던 금융계열사 사장단 회의에서 '카드문제'를 직접 거론하면서 이렇게 말했다. 카드업의 본질과 관련된 훈시에 사회공헌이라는 말이 담긴 것이 흥미롭다.

"카드는 고리대금업이 아니다. 서민들이 싼 이자로 돈을 빌려 스스로 일어나도록 도와야 한다. 중요한 것은 그들이 정말 고마움을 느끼게 하는 것이다. 이익이 줄어드는 한이 있더라도 사회에 이바지할 수 있는 일들을 해나가는 게 무엇보다 중요하다."

삼성카드는 곧바로 움직였다. 우선 '소년소녀 가장 돕기' 캠페인에 나섰다. 1,000명의 소년소녀 가장을 선발해 매달 생활비 20만 원씩을 주고 회사 직원들에게 '빅브라더' '빅시스터'라는 이름의 후원자 역할을 맡겼다.

사회에 엄청난 파문을 몰고 온 카드문제를 사회공헌으로 풀려는 이 회장의 속내를 찬찬히 짚어 볼 필요가 있다. 이 회장은 기업을 나무에, 국민을 땅에 곧잘 비유한다. 나무가 튼튼하게 자라려면 땅이 기름져야 한다는 게 그의 지론이다. 땅을 기름지게 하려면 정부는 물론 기업도 일정 부분 해야 할 몫이 있다는 것이다.

이 회장의 사회공헌 철학은 보육사업에서 잘 나타난다.

1988년 말, 회장으로 취임한 지 겨우 1년이 지났을 때 이 회장은 경영과는 직접적인 관련이 없는 특이한 지시를 내려 사장단을 당혹케 했다. 달동네 빈민들이 어떻게 생활하는지 생생하게 있는 그대로 비디오로 담아 사장단에게 보도록 지시했던 것이다. "이때부터 삼성 사장단은 주말 약속을 삼가고 너도 나도 달동네로 달려갔다"고 당시 삼성의 사회봉사 활동을 총괄했던 한용외 삼성전자 백색가전 부문 사장은 회고했다.

서울올림픽이 성공적으로 치러지면서 그 후유증으로 부동산 가격이 폭등하던 때였다. 말하자면 '한국형 버블'이 사회 전반에 넘쳐나면서 빈부 격차가 극심해지던 시기였다. 이때 이미 이 회장은 미아리·봉천동 등 서울의 대표적인 달동네들을 직접 다녀왔고, 보육사업의 필요성을 절감하고 있던 터였다.

이 회장이 보육사업을 삼성 사회봉사의 트레이드마크로 내세운 것은 그가 강조하는 '1석5조'의 효과와 맥을 같이한다. 빈민촌에 탁아소를 세우면 부모들은 안심하고 경제활동에 전념할 수 있으니 빈곤 탈출과 함께 빈민자녀 양산을 예방할 수 있고, 자녀들은 주변의 위험한 환경에서 벗어나 양질의 교육을 받을 수 있게 된다. 또 정부는 저소득층 생계문제와 고용문제 부담을 덜 수 있고, 기업은 공익사업 참여로 이미지를 새롭게 할 수 있다. 결국 이는 구매력 확대로 연결된다.

삼성그룹에서는 이 회장의 보육사업에 대한 관심을 좀 다른 차원에서 해석한다. 기업하기 좋은 나라가 되기 위해서는 여러 가지 조건이 갖춰져야 하는데 그 중에서 첫째는 규제가 완화돼야 하며, 다음은 빈민층이 사라져야 한다는 것이다. 따라서 자본주의의 최대 문제점으로 거론되는 빈부 격차를 해소하기 위해 자본주의를 이끌어 가는 기업이 적극 나서야 한다는 그의 철학에 주목할 필요가 있다.

1994년 초, 이 회장은 보육사업을 재계 차원에서 추진하기 위해 배종렬 비서실 홍보팀장(현 삼성물산 사장)에게 특명을 내렸다. 배 팀장은 모그룹 총수를 찾아가 설계도면, 운영방안, 효과 등을 담은 보고서를 보여주며 이 회장의 보육사업 비전에 대해 30분 정도 설명했다. 그러나 돌아오는 것은 재계 차원에서 추진하기는 무리라는 답변뿐이었다. 한마디로 거절당한 것이다.

이렇게 되자 삼성은 1994년 보육사업을 포함한 사회공헌사업을 직접 구체화하기에 이르렀다. 사회봉사단을 조직하고 연말 사장단 평가자료로 사회봉사 활동 내용을 활용하기로 했다. 주말마다 사장들이 불우이웃 시설을 방문하는 등 활발한 활동을 벌였다.

연초마다 실시되는 회장 명의 지원사업

그렇다면 재벌 2세로 남부러울 것 없는 환경에서 생활해 온 이 회장이 이토록 사회봉사에 관심을 쏟게 된 배경은 무엇일까. 해답은 바로 경기도 의왕시 나환자촌인 성나자로 마을에 있었다.

이 회장 부인 홍라희 여사는 이 회장의 생일인 매년 1월 9일이 되면 떡국과 떡, 과일, 설탕, 비누 등 생필품을 가득 담아 성나자로 마을을 찾는다. 게다가 그들에게 100여 개의 용돈 봉투까지 건네준다.

홍 여사의 눈에 보이지 않는 선행은 2003년으로 25년째를 맞고 있다. 홍 여사와 성나자로 마을의 인연은 원불교 박청수 교무의 소개로 시작됐다. 1979년 무렵 박 교무가 우이동 원불교 수도원에 근무

할 때 불이회(不二會)라는 불교 여신도 모임 회원들을 상대로 강의를 했었는데 홍 여사는 이후 원불교 강남 교당 부지 마련에 2억 원의 사재를 쾌척해 주변을 놀라게 했다. 그후 홍 여사는 자신이 평생 봉사할 수 있는 단체를 희망했고 박 교무로부터 성나자로 마을을 소개받았다. 박 교무는 홍 여사와의 이러한 인연으로 삼성의 보육사업 1호인 '미아샛별어린이집'의 초대 원장을 맡았다.

부인이 자신의 생일에 맞춰 소외계층을 찾는 것을 알고 있는 이 회장은 1997년 1월 9일 자신의 생일축하 만찬이 열린 자리에서 50여 명의 계열사 사장단에게 의미 있는 메시지를 던졌다. 바로 생일선물 사절을 선언한 것이다. 그와 더불어 "내 생일에는 고아원이나 양로원 등 주변 사회복지시설에 선물 한 가지씩을 보내서 기쁨을 나누도록 하면 좋겠다"는 당부도 덧붙였다.

삼성이 연초마다 계열사별로 실시하는 '회장 명의 지원사업'은 그렇게 출발했다. 2000년 어느 날, 이 회장은 장애인 구족화가 김진주 씨로부터 뜻깊은 선물 하나를 받았다. 삼성SDS는 회장 명의 지원사업으로 지난 1998년부터 강남대 서양학과에 다니던 김씨에게 4년간 장학금을 지급해 왔다. 김씨는 졸업작품을 이 회장에게 전하는 것으로 그간의 고마움을 표시했던 것이다.

이 회장은 2002년부터 사회공헌사업을 또다시 강조하고 있다. 그가 새롭게 구상하고 있는 사업은 노인과 여성 복지, 교통사고 줄이기 등 실로 다양하다.

삼성증권은 그 실천방안으로 '퇴직자 재활 프로그램'을 준비 중이다. 이미 미국 은퇴자협회 등 선진 프로그램을 벤치마킹했다. 이것은 노령층을 경제활동 인구로 다시 끌어내기 위한 취업 알선, 재교육 등을 염두에 둔 사업이다.

삼성생명은 2002년부터 여성가장 창업지원 사업을 펼치고 있다. 설계사와 회사가 신계약 1건에 200원씩을 모아 기금을 정립하는 것으로 최대 1,500만 원까지 지원된다. 벌써 12명이 이 사업으로 새 삶을 살고 있다.

삼성화재는 교통안전문화연구소를 설립, 경제협력개발기구(OECD) 국가 중 교통사고율 1위라는 오명을 줄이기 위해 나섰다.

삼성 계열사들의 사회봉사사업은 이뿐만이 아니다. 삼성은 이 회장의 특별지시로 사회공헌 로드맵을 다시 만들었다. 이로써 연간 90만 시간이었던 삼성 임직원들의 사회공헌 활동은 200만 시간대로 늘어나게 되었다.

협력업체와 한몸이 되라

공존공영의 구매예술론

구매의 예술화가 경쟁력 높인다

" '구매의 예술화' 란 말은 내가 직접 만들어낸 것이다. 이것은 아주 중요하며, 정확히 알고, 철저히 실천해야 할 개념이다. 조립양산업은 원가의 80~85퍼센트가 구매원가이므로 협력업체를 지도, 육성해 질을 높여야만 경쟁력을 높일 수 있다."

이 회장이 삼성그룹 회장으로 취임하면서부터 강조한 내용이다. 조달만 하는 단순한 구매가 아니라 협력업체에게 베풀면서 도움받는 관계 구축을 통해 양질의 부품을 싸게 신속히 구매하는 예술의 경지까지 끌어올려야 한다는 의미다.

1989년 11월 11일 삼성전자·삼성중공업 등 관계사들과 거래하는 협력회사의 대표들이 서울 삼성 본관에 속속 모여들었다. 이 회장과 협력회사 대표들 간의 오찬을 겸한 상견례 자리였다. 그룹 총수가 협력업체 대표들을 초청하는 경우가 이례적이어서인지 7, 8명의 중소기업 사장들 얼굴에는 긴장감이 역력했다.

식사 도중 이 회장이 옆자리의 박재범 대성전기 회장을 향해 말문을 열었다.

"회장님은 무슨 차를 타십니까?"

순간 박 회장은 당황했다. 당시로서는 최고급 승용차인 그랜저 3.0이었지만 이상하다고 느낀 박 회장은 한 단계 낮춰 대답했다. 박 회장은 당시 삼성전자 협력업체 모임인 '협성'을 이끌고 있었다. 이 회장은 이어서 "우리 회사에 오시면 주차는 어디에 하십니까?"라고 물었다. 박 회장은 당혹감을 감추지 못하면서 그저 "잘하고 있습니다"라고 얼버무렸다.

이 같은 이 회장의 질문을 받은 박 회장은 처음에 그저 생활 수준을 묻는, 지나가는 질문으로 생각했다. 그런데 이 회장이 식사 도중에 "협력회사 사장님들이 최고급 승용차를 타야 하고, 삼성에 들어오면 그 회사 사장 차 옆에 주차할 수 있어야 한다. 우리의 움직임을 이해하고 준비하려면 삼성의 중역도 쉽게 접근할 수 없는 개발실까지 들어갈 수 있어야 한다"고 말하는 것을 듣고 그의 깊은 뜻을 이해하게 되었다.

협력회사에 대한 삼성의 전면적인 정책 수정은 그렇게 시작되었다. 당시는 협력회사들이 하청업체, 납품업체라고 불리며 '을(乙)'의 위치를 벗어나지 못하던 시절이었다. 그런데 삼성의 정책 수정으로 협력회사 대표들에게 삼성 상시 출입이 가능한 '프리패스'가 주어졌다.

이날 이 회장이 언급한 '최고급 승용차'는 구매의 중요성을 일깨워 주는 메시지였다. 그룹의 대다수 업종이 협력회사로부터 부품을 조달받는 조립양산업인데 협력회사를 키우지 않으면 경쟁력을 가질 수 없다는 것이 이 회장의 판단이었다. 이 회장은 부회장 시절부터 "부품의 품질이 확보되지 않으면 100년이 가도 일류가 될 수 없으며, 더 나아가 우리 경제가 튼튼해지려면 설비·기계 등 자본재와 부품산업이 발전해야 한다"고 강조해 왔다.

1980년대 중반의 일이다. 부회장이던 이 회장은 삼성전자가 왜 경쟁력이 없을까 고민하다 일본행을 결심했다. 현지의 선진 전자회사, 부품회사 사람들을 만나 그 원인을 알아보기 위해서였다.

이 회장은 일본 마쓰시타에 VCR 부품을 공급하는 한 협력회사 사장과 저녁식사를 하면서 오후 6시부터 새벽 3시까지 대화를 나눴다. 그는 마쓰시타의 경영철학, 비전 그리고 해결해야 할 과제를 마치 마쓰시타 최고경영자처럼 얘기했다. 이 회장은 원청업체인 마쓰시타의 미래를 진정으로 걱정하는 하청업체 사장의 모습에서 왜 일본 전자회사가 강한지를 느끼게 되었다. 구매가 예술 차원으로까지 승화돼야 한다는 이 회장의 '구매의 예술화'는 결국 협력회사와 한몸이 되라는 의미였다.

협력회사와의 정보공유 시스템 구축

이 회장의 '구매의 예술론'은 1993년 신경영 선언과 함께 구체적으로 전개되었다. 각 계열사에서 300여 명의 기술지도요원을 선발해 5, 6명씩 조를 짜 두 달 동안 협력업체에 파견했다. 1998년 삼성전자에 협력회사 경영 전반을 전담해 지도할 CMC라는 회사까지 설립됐다.

"정보와 기술동향 파악을 위해서라도 전체 구매의 30퍼센트는 아웃소싱한다는 게 삼성전자의 방침"이라는 삼성전자 윤종용 부회장의 말처럼 삼성전자는 공정의 일부가 밖으로 나가 있다는 생각을 가지고 있다. 그런 의미에서 협력회사의 자금·기술·인력·판로난을 타개하기 위한 지원 대책을 마련했다. 협력업체에 대한 평가를 강화해 평가점수 하위 10퍼센트는 거래를 끊어 늘 긴장을 유지하도록 했다.

삼성SDI·삼성전기 등 관계사도 다른 협력업체와 동등한 차원에서 평가되었다. 평가는 가혹할 정도로 엄격했다. 삼성전기의 경우 2001년 삼성전자에 전해콘덴서 납품 경쟁에 나섰다가 외부 협력업체에 밀려 탈락하기도 했다. 이 사건은 삼성전기의 고부가가치 제품인 적층세라믹콘덴서가 세계적인 경쟁력을 갖추는 계기가 됐다.

구매 부분의 긴장도는 철저한 부정 감사를 통해 더 팽팽해졌다. 부정이 적발된 업체는 사안의 경중에 따라 6개월 출입정지나 영구 거래정지 조치를 당했다.

박근희 구조조정본부 부사장은 "거래업체나 우리 직원이 부정에 연루되면 영원히 삼성에 발을 못 붙이게 하라는 게 회장의 지시"라며 "현재 10만여 개에 이르는 삼성그룹 협력업체에 회장의 친인척이 경영하는 회사는 없다"고 강조했다.

대성전기 박 회장도 "이 회장의 친인척이 경영하는 협력업체가 없기 때문에 부정이 적발된 협력업체에 대해 강력한 조치를 취해도 반발보다는 수긍하게 만드는 힘이 있다"고 말했다.

이 회장이 강조하는 협력회사와의 공존공영체제는 2000년대에 접어들면서 협력포털(Collaboration Portal), 공급망관리(SCM) 등으로 시스템화한다. 2000년 시작된 협력포털은 삼성전자가 어떤 물건을 언제, 어떻게 얼마만큼 만들지 등의 정보를 3개월 전에 협력회사와 연결된 인터넷 사이트에 띄워 공유하는 시스템이다.

전자 구매전략실장인 민동욱 상무는 "마케팅 정보 등 핵심 정보가 공유되기 때문에 보안이 필수적이고 서로를 믿지 못하면 할 수 없는 일"이라고 말한다. 전체 1,500여 개 국내 협력회사 가운데 현재는 20여 개 업체만 협력포털에 접속할 수 있지만 2003년 내에 50개 회사로 확대할 계획이다.

  협력포털은 또 구매-제조-물류-판매 정보를 실시간으로 연결, 재고를 없애는 SCM시스템과 연계돼 협력회사가 모회사의 실질적인 한 부문으로 자리매김하게 하려는 것이다. 이에 대해 삼성전자 경영혁신팀장인 허기열 전무는 "협력업체와 제품개발, 생산계획 등을 시스템으로 공유해 업무수준을 같이 높이고 있다"고 설명한다.

  협력회사와의 공존공영이라는 이 회장의 철학은 협력회사뿐만 아니라 전 중소기업에 대한 지원으로까지 확대된다.

장애인 기업 무궁화전자 설립

1994년 당시 중소기업협동조합중앙회 박상규 회장이 한 모임에서 이 회장을 만나 연수원 건립을 지원해 달라고 요청하자 회장은 흔쾌히 수락했다. 구매선진화팀에서는 연수원 부지로 용인의 땅만 대주는 것을 내용으로 하는 첫 기안서를 올렸다. 그 정도면 충분할 것이라고 생각했던 것이다. 그런데 회장은 그것에 만족하지 않았다. "중소기업 발전이 곧 대기업 발전이라는 걸 왜 모르느냐"는 지적을 받고 몇 번이나 수정해 건립비 310억 원, 운영비 39억 원뿐만 아니라 인력개발원 인력 5명을 5년간 파견하는 교육내용까지 담은 최종 기안서가 작성됐다.

  결과적으로 중소기업협동조합중앙회로부터 연수원, 여의도종합전시장, 기협파이낸스 설립 출자 등 삼성의 지원이 가장 컸다는 평가를 받았다. 그러나 최근에는 안타깝게도 투자자나 시민단체 등의 지적으로 삼성이 중소기업 지원에 자유롭지 못한 실정이다. 외환위기 이후 글로벌 스탠더드라는 이름으로 수익성이 강조되는 외부환경 탓에 삼성도 중소기업에 대한 지원을 줄일 수밖에 없었던 것이 사실이다. 하지만 이 회장은 중소기업 지원은 대기업과 중소기업의 공존공영이라는 차원에서 봐야 한다는 점을 강조한다. 이런 관점에서 삼성전자가 지난 1994년에 세운 장애인 전용 협력업체인 '무궁화전자'는 시사하는 바가 크다.

이 회장은 협력업체 지원에도 사회적인 차원에서 삼성이 할 수 있는 역할이 있을 것이라며 무궁화전자 설립을 지시했다. 복지비용이 워낙 많이 들어 이익을 내기 힘든데도 설립 9년째인 2002년 무궁화전자는 영업이익 1억 원을 냈다. 매우 고무적인 일이 아닐 수 없다.

삼성과 협력업체 간의 상생경영은 이제 하나둘씩 열매를 맺어가고 있다.

5S와 3정, 그리고 「기보 보고서」

1996년 삼성전자는 일본 도요타자동차의 협력회사인 다카키제작소를 통해 삼성전자 협력회사인 대봉정밀의 금형설계·제작, 프레스작업, 조립공정에 대한 체계적인 지도에 나섰다.

다카키제작소의 기술자들이 한 달에 일주일씩 대봉정밀을 방문했다. 그러나 그들은 기술향상이라는 부푼 꿈을 안은 대봉정밀 한봉희 사장을 여지없이 실망시켰다. 처음 몇 달 동안 그들이 지도해 준 것이라고는 5S(정리·정돈·청소·청결·습관화의 일본어 이니셜)와 3정(정위치·정량·정품)뿐이었다.

그러나 효과는 서서히 나타났다. 금형이 제자리에 있으니 찾기가 쉬워져 공정이 한결 빨라졌고 정리·정돈으로 생긴 공간을 이용하니 물류가 수월해졌다. 다카키의 기술 이전은 그때부터 시작됐다. 공정

자동화로 89명이 할 일을 38명이 할 수 있게 됐다. 리드타임이 줄고 생산성은 높아졌다. 2년에 걸친 기술 지도로 품질이 높아진 대봉정밀의 톱커버는 삼성전자의 'DVD콤보'가 세계적인 히트를 치는 데 한몫했다.

배터리팩을 만드는 이랜텍도 마찬가지였다. 삼성의 협력회사 지원요원들이 1995년 이후 그 회사에 나와서 가장 먼저 한 것은 5S와 3정이었다. 이런 기본을 갖춰야 거기에 기술이 더해지고 종합적인 생산성이 높아질 수 있다는 단순한 진리를 반영한 것이다. 휴대폰인 애니콜이 세계적인 히트작이 된 것도 탄탄한 기본기로 기술력을 축적한 이랜텍의 배터리팩 등 부품 품질이 세계 최고 수준으로 올랐기 때문이다.

품질의 기본이 되는 정리·정돈에 대한 이 회장의 독특한 시각을 보여주는 사건이 있다. 신경영 선언이 있기 바로 전인 1993년 6월 4일 도쿄발 프랑크푸르트행 비행기에 몸을 실은 이 회장이 서류 뭉치 하나를 손욱 비서실 경영전략1팀장(현 삼성종합기술원장)에게 건넸다.

"이거 한번 돌려가며 읽고 왜 이런 일이 반복되는지 근본 원인을 찾아보세요."

손 팀장의 손에 쥐어진 것은 「기보 보고서」라는 문건이었다. 기보는 1978년부터 삼성전자 오디오 설계실에서 일한 일본인 고문이다.

기보 보고서의 요지는 다음과 같았다.

"직원들에게 드라이버, 부품, 측정기 등을 쓰고 제자리에 놓으라고 지난 10여 년간 얘기했지만 아직도 변함이 없다. 공구를 찾는 데 몇 시간이 걸리고 측정기는 고장나도 아무도 고치지 않는다. 이제

내 한계를 넘어섰다."

윤독한 임원들이 '처벌 규정이 약하기 때문입니다', '책임의식이 없기 때문입니다'라며 갖가지 대답을 했지만 이 회장은 고개만 저었다. 12시간의 비행 동안 두 번을 더 읽고 답을 얘기했지만 이 회장은 아니라고만 대답했다. 프랑크푸르트에 도착, 켐핀스키 호텔에 여장을 푼 뒤에야 이 회장은 자기 자신을 사랑하지 않기 때문이라는 답을 꺼냈다. 자기가 존중받으려면 남을 먼저 존중해야 한다는 의미였다. 남을 위해 정리를 하지 않는 것은 곧 자기학대인 셈이며, 정리·정돈 속에는 인간 존중 의식이 깔려 있다는 말이다.

제품에 '문화'를 담아라

문화 인프라와 경영

질경영의 완착점은 문화경영

서울 태평로 삼성 본관 로비 정면에는 초대형 '십장생' 암각화가 걸려 있다. 그 암각화가 걸리게 된 사연은 이렇다. 1986년 어느 날 이병철 회장과 이건희 부회장한테 걱정거리 하나가 생겼다. 본관 로비 화강석 벽에 철분이 넘쳐 흘러내린 것이다. 당시 이 회장 부자는 수소문 끝에 이종상 서울대 박물관장을 집무실로 불러 다음과 같이 부탁했다.

"삼성 본관 로비는 공공의 장소입니다. 직원은 물론 일반인도 감상할 수 있는 의미있는 암각화를 큼지막하게 준비해 개조해 주십시오."

이 관장은 녹물로 흉물스럽게 된 본관 정면을 개조하기 위해 여러 가지 방안을 추진했다. 암각화 아이디어는 당시 이건희 부회장이 냈다.

삼성이 1997년 1층 로비를 포함해 태평로 주요 빌딩을 연결하는 대규모 건물 리노베이션에 착수한 것도 이 회장의 지시에 따른 것이었다.

이 회장은 비서팀에 지나가는 사람이나 고객들도 이 작품을 볼 수 있도록 빌딩 정면을 유리로 만들고 작품을 감상한 뒤 차도 한잔할 수 있는 공간을 마련하라고 지시했다.

이 관장은 삼성 본관 주변을 '문화의 거리'로 명명했다. 본관

앞면에는 십장생으로 상징되는 동양문화가 숨쉬고, 뒷면에는 각종 첨단 디지털 제품 전시장이 있다. 동양과 서양, 과거와 현재의 절묘한 만남을 의미하는 문화거리를 조성한 것이다. 본관 바로 옆 삼성생명 빌딩은 로댕의 명작인 '지옥의 문'이 상설 전시돼 있다. 본관 오른쪽엔 남대문이, 왼쪽엔 덕수궁이 조화를 이룬다.

이처럼 이건희 회장의 경영철학을 이해하는 데 빼놓을 수 없는 부문이 '문화'다. 문화와 경영은 별개가 아닌 한 묶음이라는 게 이 회장 특유의 철학이다. 그는 지난 1996년 신년사 도입 부문에서 다음과 같이 말했다.

"21세기는 문화의 시대이자 지적 자산이 기업의 가치를 결정짓는 시대다. 기업도 단순히 제품을 파는 시대를 지나 기업의 철학과 문화를 팔아야만 한다."

신경영이 한창이던 때 그가 작심하고 '문화'를 화두로 던진 데는 그만한 이유가 있다. 제품에 그 나라의 문화가 깃들어 있지 않으면 단명에 그치게 되고 이는 곧바로 경쟁력 저하로 연결되기 때문이라는 것인데, 이는 그의 평소 신념을 반영하는 것이다. 한마디로 질경영의 완착점을 '문화경영'이라고 여기고 강력한 드라이브를 걸었다는 평가를 받고 있다.

1996년에는 선사 계열 사장단 회의에서 제품과 문화를 구체적으로 연결해 제시했다.

"전자는 안목 있는 젊은 화가나 조각가에게 각 제품의 디자인이나 색깔을 자문받고 필요하면 문화재단과도 협조하세요."

이미 1994년 이 회장은 삼성의 이미지 홍보도 문화를 매개로 하는 방향으로 전개돼야 한다고 보고, 비서실에 '문화 홍보방안'을 지시했었다.

"삼성의 자기보호 전략은 무엇인가. 매출 등으로만 홍보한다면 반감만 생긴다. 이제는 문화사업으로 국민에게 차원 높은 삼성의 이미지를 심어 주는 전략을 짜야 한다. 국민에게 좋은 일도 하고 대국민 삼성 이미지도 제고할 수 있는 대책을 마련하라."

비서실은 일본 덴쓰에 용역을 의뢰했고 이때 마련된 문화 홍보 전략이 지금도 유효적절하게 활용되고 있다.

실제로 이 회장의 문화와 문화재에 대한 관심은 1995년 메트로폴리탄 미술관의 한국관을 비롯해 영국 빅토리아&알버트 미술관의 한국실이나 프랑스 기메 박물관의 한국관 건립 지원으로 나타났다.

이 회장이 우리 문화에 관심을 가진 데에는 삼성 제품이 인정받으려면 한국 제품이 인정받아야 하고 한국 제품이 인정받으려면 한국이 먼저 인정받아야 한다는 인식이 깔려 있다. 밖에서는 아직도 삼성 하면 일본 기업으로 잘못 아는 사례가 허다한데 한국을 알리기 위해서는 한국 문화를 직접 알려야 한다는 의미였다.

로댕의 명작 '지옥의 문'이 서울에 자리잡게 된 사연도 흥미롭다. 로댕은 유언으로 작품 판권을 프랑스 정부에 넘기면서 자신의 작품 철학을 제대로 이해하는 나라에 팔도록 했다. 입찰 가격은 이미 정해져 있었으며 낙찰 여부는 당사자가 문화를 얼마나 잘 이해하고 있는지에 달려 있었다. 삼성이 유치 신청을 하자 로댕 박물관장은 직접 서울을 찾아 삼성의 문화사업과 마인드를 샅샅이 조사해 갔다.

또한 이 회장은 해외에 흩어져 있는 우리 문화재에 대해 깊은 관심을 보였다. 국보급 유물인 고려불화는 불과 20여 년 전만 해도 국내에는 한 점도 없었다. 당시 일본의 대화 문화관이 고려 불화전을 열었는데 국내 전문지에서 국내에 고려불화가 한 점도 없는 것은 수치라고 대대적으로 보도했다. 이 소식을 접한 이 회장은 사재를 털어 요로를 통해 고려불화를 수집하는 집념을 보였다.

1990년대 중반에는 일본 오쿠라 호텔 뒷마당에 나뒹굴고 있던 자선당(조선왕조 왕세자 공부방) 기단을 가져와 문화재관리국에 기증하기도 했다.

또한 삼성은 문화계 인재양성에도 적극적이다. 지난 1996년부터 삼성문화재단이 시행하고 있는 멤피스트제도(문화예술계 인재 유학 및 연수 지원), 악기대여은행 설립 등은 모두 이 회장의 문화에 대한 관심 속에서 이루어진 것이다.

이 회장은 틈만 나면 세계 최고 명성을 자랑하는 오케스트라를 창단하고 싶어했다. 사실 그는 오랫동안 오디오에 천착해 온 터라 음향 전문가나 다름없다는 평을 들어 왔다. 1995년쯤 이 회장은 우리나라도 문화 선진국이 되기 위해서는 세계적인 오케스트라가 있어야 한다며 비서진에게 세계 각국의 유명 오케스트라를 벤치마킹하도록 지시했다. 그러나 우리나라는 아직 세계적 오케스트라를 육성할 수 있는 문화 수준이 안됐다는 비서진의 보고를 받고 악기와 지휘자도 중요하지만 관람객이나 오케스트라가 활동할 수 있는 그 나라의 문화적 수준이 매우 중요하다는 판단을 하게 됐다.

삼성이 전개하는 명품 마케팅은 이 회장의 문화 중시 철학에서 발원한 것으로 평가된다. 조선이 부강했던 세종 때나 영·정조 때 문화가 꽃피웠다는 점에서 삼성이 초일류기업으로 발돋움한 데는 문화 중시 철학이 그 기저를 이뤘기 때문이라는 것이다.

호암상에서 '삼성의 냄새'를 빼라

지난 1990년 이후 이 회장이 한 번도 빠짐없이 참석하는 행사가 있다. 매년 6월 1일에 열리는 '호암상 시상식'이다. 시상식 후 마련되는 만찬도 그가 직접 주재한다. 이 회장이 호암상에 이처럼 관심이 높은 것은 단순히 선대 회장에 대한 존경심과 효심 때문만은 아니다. 그는 1990년대 중반 비서실 팀장들과 가진 오찬간담회에서 불쑥 이런 얘기를 꺼냈다.

"강소국의 선두 주자 스웨덴이 가진 국제 경쟁력의 원천은 '노벨상'이다. 노벨상으로 얻는 스웨덴의 국가 인지도는 소니나 IBM을 능가한다."

호암상은 과학상·공학상·의학상·예술상·사회봉사상의 5개 부문과, 시상 부문 외의 분야에서 특출한 업적을 이룩한 한국인 또는 국적과 민족을 초월하여 한국 문화와 국가 사회의 발전에 지대한 협력과 현저한 공헌을 한 인사에게 수여하는 특별상으로 되어 있다. 이 회장은 이런 호암상을 노벨상에 버금가는 상으로 키우기 위해 호암상의 권위를 높여야 한다고 강조했다.

삼성복지재단에서 관할하던 호암상 관련 업무를 분리해 1997년 호암재단을 설립한 것도 상의 권위를 높이기 위한 조치였다. 이 회장은 이 상의 권위를 높이기 위해서는 가급적 '삼성 냄새'를 제거해야 한다고 보고 별도 재단을 설립하도록 했던 것이다.

1991년 첫 수상자가 결정된 그해 2월 말, 당시 삼성 수뇌부는 수상자와 이 회장의 자리배치 문제로 고민에 빠졌다. 수상자를 단상으로 올리고 이 회장을 포함한 그룹 수뇌부 자리를 단하로 하자는 안과 그 반대의 안을 놓고 결정하지 못하고 있었다.

상당수 비서실 팀장들은 이 회장 내외를 단상에, 수상자를 단하에 자리배치하자고 주장했다. 이 얘기를 전해들은 이 회장은 '수상자가 고객'이라는 한마디로 실무팀의 고민을 덜어 줬다. 결국 수상자의 자리가 단상으로 배치됐다.

호암재단 설립 이후 실무진 사이에서는 한 가지 고민이 생겼다. 수여자를 누구로 할 것인지가 문제였다. 그 전까지 수여자는 '이건희 삼성 회장'이었다. 그러나 재단이 설립되자 이 회장은 비서팀에 지시해 호암재단 이사장이 수여자가 돼야 상의 권위가 높아진다는 자신의 의중을 피력했던 것으로 알려졌다.

호암상 수상 행사를 3월 22일 삼성그룹 창립기념일에서 재단 설립일인 6월 1일로 바꾼 것도 상의 권위를 높이기 위한 노력의 일환이었다. 이현재 호암재단 이사장은 "호암상의 위상과 권위를 높이기 위해 설립자인 이 회장의 관심이 매우 높다"며 "수상자 선정 과정에는 전혀 간섭하지 않는다"고 말했다.

호암재단은 노벨상을 목표로 노벨재단을 끊임없이 벤치마킹하고 있다. 수상 대상자의 범위를 한국인에서 한국계로 넓혀 외국에서 활동하고 있는 한국인들도 수상할 수 있도록 했다. 호암재단에서는 호암상 수상자 가운데 노벨상 수상자가 나오기를 기대하고 있다. 반갑게도 최근 몇 년 동안 호암상 수상자 3, 4명이 노벨상 후보에 오르기도 했다.

편법과 부정이 없는 기업

기업경영의 핵심, 윤리경영

비정도 1등보다 정도 5등이 낫다

글로벌 경영환경에서 기업경영의 핵심으로 떠오르고 있는 윤리경영에 대한 이건희 회장의 철학은 확고하다. 이 회장은 1989년 취임 후부터 '부정은 암이고 그것이 있으면 회사는 반드시 망한다'라는 확신을 갖고 이를 그룹 경영에 반영해 왔다. "삼성이 어느 기업보다 깨끗한 기업문화를 유지해 오고 있는 비결은 부정이 없기 때문"이라는 구조조정본부 박근희 부사장은 강조했다.

2001년 6월 말 비(非)전자 계열사 사장단 회의에서 이 회장은 뜻밖에도 "5등을 해도 좋다"라는 말을 던진 적이 있다. '온리(Only) 1, 넘버(No.) 1'을 지향하는 삼성으로서는 의외가 아닐 수 없었다. 그 말이 나온 데는 이런 배경이 있었다.

신임 삼성증권 황영기 사장은 회의에서 삼성증권이 IMF 외환위기 이후 단기간에 업계 1위로 고속성장을 했기 때문에 성장 후유증이 있을 것 같다고 보고했다. 그는 직원들이 약정액 경쟁에 시달리면, 고객에게 도움이 되지 않는다고 생각하면서도 매매를 권유해 고객과 직원에게 모두 좋지 않은 결과가 나올 수도 있다는 우려 섞인 말을 했다. 또한 약정액에서 경쟁사에 다소 밀려 2, 3위가 되더라도 한번 바로잡아 보겠다고 이 회장에게 자신의 뜻을 밝혔다.

황 사장의 의욕적인 발언이 끝나자 이 회장은 "직원이 불행하고 고객이 불행한 회사가 잘되는 것 봤습니까. 2등, 3등이 문제가 아니라 5등까지 내려가도 좋으니 바로잡을 것은 분명히 바로잡으세요"라며 힘을 보탰다. 결국 삼성증권은 '약정 경쟁 중단'을 발표했다.

'비정도(非正道) 1등보다 정도(正道) 5등이 낫다'는 이 회장의 철학은 최근 1, 2년 사이 신용불량자 양산 등 카드업계 문제가 불거졌을 때 더 확연히 드러났다. 2002년 5월 열렸던 금융 계열 사장단 회의에서 이 회장은 윤리경영의 중요성을 또 한번 강조하면서 가두판매를 그만둘 것을 지시했다.

이 회장이 가지고 있는 금융업에 대한 경영관은 이익을 많이 내는 업종이 아니라 국민에게 신뢰를 주고 좋은 서비스를 제공해야 한다는 것이었다. 이 같은 이 회장의 금융업에 대한 개념 정의는 실제 삼성 금융 계열사들의 사업에 결정적인 영향을 미치고 있다.

삼성생명은 2003년 1월 회사의 경영활동이 고객가치 증진과 신뢰 형성에 부합하는지를 점검하기 위해 50여 명의 스태프로 구성된 '고객정책실'을 사장 직속으로 신설했다. 고객정책 실장을 맡고 있는 박영세 상무는 "고객이 단순히 영업 대상이 아니라 기업과 상생하는 동반자라는 의식을 갖는 것이 중요하다"고 역설했다.

2003년 8월, 4,000여 명의 삼성화재 임직원은 한 달간 돌아가면서 1박 2일로 윤리경영 가치공유 교육을 받았다.

삼성캐피탈은 2000년부터 고객갱생 프로그램을 운용하고 있다. 실직이나 불의의 사고 등으로 상환 능력은 없으나 상환 의지가 강한 고객을 대상으로 채무 조정, 연체이자 감면의 혜택을 주는 제도로 현재까지 52만여 명이 도움을 받았다.

삼성카드는 2002년 꾸준히 검토해 오던 대부업 진출건을 포기했다. 유석렬 삼성카드 사장은 "사실 법적인 문제도 없었고 수익성도 좋은 사업으로 판단됐지만 저소득층에 대한 본격적인 고금리대금업은 삼성이 할 사업이 아니며 사회의 기대도 그러할 것이라고 판단해 포기했다"고 말했다.

도덕불감증 치료 위해 삼성헌법 제정

실제 1993년부터 시동이 걸린 삼성의 신경영 개혁 1단 기어도 '윤리'였다. 당시 이 회장이 가장 많이 쏟아낸 단어가 '도덕불감증'이었던 것만 봐도 알 수 있다. 도덕성이 결여된 기업에서 좋은 물건이 나올 수도 없고 나와도 반갑지 않다는 게 이 회장의 신념이었다. 이 회장은 도덕불감증 치료를 위해 인간미, 도덕성, 예의범절, 에티켓이라는 '삼성헌법'을 내세웠다. 인간 본연의 질을 찾은 다음에야 비로소 제대로 된 경영의 질, 상품의 질이 나온다는 의미였다.

그는 특히 인명 사고에 대해서 극도로 민감한 반응을 보였다. 지난 2001년 충북 제천 인근 5번 국도를 가로지르는 고가도로에서 상판이 무너지는 사고가 났다. 그 도로의 시공사는 삼성물산이었다. 다행히 인명 피해는 없었지만 삼성에선 비상이 걸렸다.

사고 직후 이 회장은 삼성물산에 감사를 나간다는 경영진단팀의 보고를 받고 다음과 같이 강력한 대책 마련을 지시했다.

"부정이나 동일한 사고를 근절할 대책을 마련하지 못할 것으로 판단되면 문을 닫아도 된다. 건설에서 2,000억~3,000억 원 이익 나는 것이 중요한 게 아니다. 인명 피해를 초래하는 것은 죄악이다."

곧바로 200여 곳에 이르는 공사 현장에 대한 일제 점검에 돌입했다. 현장 인력을 모두 불러 교육하고 사고 원인과 대책 마련에 들어갔다. 지금도 개별 회사 차원에서 현장 점검작업이 이어지고 있다.

한편, 잘못했을 때 솔직히 잘못을 인정하는 것이 최선이라는 게 이 회장의 윤리경영적 사고방식이다.

1994년 경기도 오산천에 벙커C유가 흘러 하천을 오염시키는 사고가 발생했다. 사고의 진원지는 삼성전자였다. 기계 고장에 의한 사고였는지 삼성전자는 기름 유출 방지작업만 하고 적극적인 조치를 취하지 않았다.

이 회장은 단순 사고였다고는 하지만 사원 몇천 명을 동원해서라도 기름을 제거하고 우리가 실수했노라고 떳떳하게 밝혔다면 적어도 비난을 받지 않을 수도 있었던 사례라며 잘못을 인정할 수 있는 게 바로 변화라고 질책했다.

또한 무엇보다 환경오염을 예방하는 것을 최우선으로 삼았다. 삼성은 신경영 선언 무렵인 1993년 7월 삼성지구환경연구소를 설립했다. 양인모 삼성엔지니어링 부회장은 "회장은 취임 초기부터 각 관계사에 환경문제만큼은 아무리 작은 일이라도 적극적인 관심을 가지라고 주문했다"며 "이제 환경 자체가 신수종사업이 되고 있다"고 말했다. 삼성엔지니어링은 현재 프랑스 온데오와 하수폐수처리장 건립을 공동 추진하고 있으며 비방디 사와는 조인트 벤처를 설립하는 등 환경사업을 진행하고 있다.

이 회장의 환경에 대한 관심은 사업화로도 곧잘 연결된다. 2002년 5월 한용외 삼성전자 사장(가전부문)은 이 회장으로부터 삼성이 반도체사업 때문에 깨끗한 이미지를 가지고 있으니 에어컨에도 공기청정기 기능을 반영하라는 지시를 받았다.

삼성이라는 대기업이 가진 기술과 노하우를 소비자들의 건강과 직결되는 사업에 투입해 보라는 지시였다. 2003년 초 삼성전자는 공기청정기 3개 모델을 내놓으며 시장에 뛰어들었다.

삼성의 경영진은 이 회장을 CEO(Chief Ethics Officer : 최고윤리경영자)라고 부르는 데 주저하지 않는다. 윤리경영은 강령과 기준을 아무리 세워놓아도 CEO의 의지가 없으면 실천하지 못한다는 측면에서 CEO(Chief Executive Officer)는 CEO(Chief Ethics Officer)가 돼야 한다는 의미다. 2002년 6월 사장단 회의에서 이 회장은 삼성이라는 브랜드를 달고 있는 기업 조건의 하한선을 그었다.

"기업이 충분히 투자해 연구·개발(R&D)하고, 제대로 직원을 대우해 주고 교육하며, 사회에 공헌을 한 뒤에 이익을 내야 삼성의 회사다. 그 중 하나라도 하지 않은 채 이익을 내면 이익낸 게 아니다. 제대로 하지 않을 생각이면 삼성의 회사이기를 포기하라."

월급쟁이 3대 고민 해결

이 회장은 1994년 무렵 비서실장에게 그룹 임원들을 위해 치과 전담 의사를 정해놓고 이들의 치아를 책임지고 치료하도록 하라고 지시했다. 그에 따라 치주·보철 등 7가지 분야를 전문적으로 치료할 수 있는 치료센터가 그룹 내에 만들어졌다. 지난 1993년 신경영 선언 직후 전 임원을 대상으로 한 정밀건강검진 결과 80퍼센트 이상이 충치, 치주질환 등 치과 진료를 필요로 하는 것으로 나타났을 정도로 치료가 시급했던 것이다. 의료보험이 적용되지 않는 부분이 많은 치과 진료에 혜택을 주기 위해 일종의 전용 병원이 만들어진 것이다.

임원뿐만 아니라 직원들에 대한 복지도 그 즈음을 기점으로 획기적으로 확대됐다. 임직원과 그 배우자가 치료나 수술을 받을 경우, 의료보험 처리비용을 전액 지원해 주는 '삼성의료보장제도'가 도입됐고, 기존 중고생, 대학생 자녀에 대한 학자금 지원 외에 유치원비도 일부 지원해 주기 시작했다.

이 회장은 취임하면서부터 '평생직장'이라는 말을 사용했다. 그는 월급쟁이들의 고민을 다 없애주는 게 평생직장이라고 생각하고 있었다. 삼성이 평생직장이 되기 위해서 이 회장이 제시한 것이 바로 월급쟁이 3대 고민 해결이다.

"월급쟁이가 회사 문을 나서면 하는 고민이 무엇인가. 아마 90퍼센트는 자신과 가족의 건강, 자녀교육, 노후대책일 것이다. 이 세 가지가 월급쟁이 3대 고민 아닌가."

그의 논리는 90퍼센트의 고민을 회사에서 해결해 주면 고민이 사라져 회사 일을 열심히 할 수 있게 된다는 것이다. 이에 못지않게 회사 안에서의 분위기를 만드는 것도 중요하다. 이 회장 표현대로 '도덕성을 가지고 열심히 일하면 뭔가 보상이 주어진다는 믿음'이 직원의 마음 속에 심어져야 한다.

2002년 9월 삼성생명·삼성화재·삼성카드 등 금융 계열사 직원들이 뜻밖의 성과급을 지급받은 것도 이 같은 맥락에서다. '업계 최고 수준의 일을 하면 이에 걸맞는 대우를 하라'는 이 회장의 지시에 따라 연봉 수준을 10~30퍼센트 가량 올리기 위해 특별 성과급이 지급된 것이다. 이 같은 지론이 제도화된 것이 바로 경영성과에 따른 이익의 일정 부분을 임직원에게 분배하는 이익배분제(PS, Profit Sharing)다. 목표는 아직 요원하지만 이 회장이 꿈꾸는 삼성은 월급쟁이들의 천국이 아닐까.

3
신경영이 이루어 낸
월드베스트의 신화

잿더미에서 피어난 애니콜 신화

휴대폰 사업

불량제품 화형식

1995년 3월 9일 오전 10시께 삼성전자 구미사업장 운동장에 꾸물꾸물한 날씨 속에서 2,000여 명의 직원들이 사업부별로 줄지어 서 있다. '품질 확보'라고 쓰인 머리띠를 두른 비장한 모습이다. 직원들 앞쪽으로는 '품질은 나의 인격이요, 자존심!'이라는 현수막이 걸렸고 그 아래로 굳은 표정의 임원들이 철제의자에 앉아 있다. 불안한 표정의 현장 근로자 10여 명이 해머를 들고 있다.

무선전화기를 포함해 키폰, 팩시밀리, 휴대폰 등 15만 대의 제품들이 운동장 한복판에 산더미를 이뤘다. 돈으로 따지면 무려 500억 원어치에 달한다. 진행자의 눈빛 하나로 해머질이 시작됐고 제품들은 산산이 부서져 나갔다. 흔적조차 남기지 않으려는 듯 제품 조각들은 다시 시뻘건 불구덩이 속으로 던져졌다. 수십 번의 공정을 거친, 땀과 정성이 그대로 깃들어 있는 제품들이 순식간에 잿더미로 변했다. 바로 '불량제품 화형식'이 치러진 것이었다.

이는 이 회장의 질경영에 대한 강력한 의지를 상징하는 실로 중차대한 사건이 아닐 수 없었다. 그룹 전 임직원들에게 극도의 긴장감을 불어넣기 위한 극약 처방인 셈이었다. 삼성은 이 회장의 질경영 선언 이후 품질 개선을 위해 비서실 직할로 소비자문화원을 설립하고 사장단 평가자료로 품질지수를 도입하는 등 강력한 드라이브를 걸었다.

선진기업들이 수십 년에 걸쳐 일궈 온 품질경영. 말은 쉽지만 일이 뜻대로 이뤄지지 않았다. 때마침 '휴대폰 사건'이 터진 것이다. 설 선물로 휴대폰 2,000여 대 가량을 임직원들에게 돌린 게 화근이었다. '통화가 제대로 이뤄지지 않는다', '속았다'라는 얘기가 휴대폰을 사용해 본 일부 임직원의 입을 통해 흘러나오기 시작했다.

불량 휴대폰이 시중에 유통되고 있다는 보고가 회장에게 전해졌다. 아니나 다를까, 이 회장은 화가 잔뜩 난 목소리로 "아직도 전화기 품질이 그 모양인가. 고객이 두렵지도 않나. 돈 받고 불량품을 팔다니…"라며 불편한 심기를 드러냈다. 이 회장으로서는 믿었던 도끼에 발등 찍힌 심정이었다.

휴대폰에 대한 이 회장의 애정과 신뢰는 남달랐다. 손욱 삼성종합기술원장이 삼성전자 전략기획실 소속 전화기 품질대책반장을 맡고 있던 시절인 1990년대 초, 휴대폰의 전신인 900메가 무선전화기가 인기를 끌 때였다. 회장은 자주 무선사업부 개발자들을 불러 개발품에 대해 이것저것 세세하게 지적하면서 깊은 관심을 보였다. 삼성 최초의 아날로그 휴대폰 개발을 앞두고 이 회장은 "이제는 통신 세상이다"라고 할 정도로 큰 기대를 걸었다. 그런데 이런 사건이 터지고 나니 휴대폰을 반도체에 이어 삼성의 미래를 책임질 사업으로 여겼던 이 회장으로서는 초강수 처방이 필요했던 것이다.

결국 "시중에 나간 제품을 모조리 회수해 공장 사람들이 전부 보는 앞에서 태워 없애라고 하시오"라는 이 회장의 지시에 따라 불량제품 화형식이 이루어졌다. 이미 판매된 제품만 해도 줄잡아 십수만

대에 달했지만, 서비스센터를 통해 제품 회수에 들어갔고 개발이 중지됨에 따라 생산라인도 당연히 멈췄다. 수거된 제품들이 제단에 놓였다. 당시 데이터통신사업 본부 무선사업부 이사로 화형식 현장에 있었던 이기태 사장은 이렇게 말했다.

"내 혼이 들어간 제품이 불에 타는 것을 보니 말로는 표현할 수 없는 감정이 교차하더군요. 그런데 이상하게도 타고 남은 재를 불도저가 밀고 갈 때쯤 갑자기 각오랄까, 결연함이 생깁니다. 그 불길은 과거와의 단절을 상징한 겁니다."

화형식은 불량을 제물로 삼은 하나의 제의(祭儀)였다. 한편으론, 새로운 역사의 시작이기도 했다. 설계에서부터 휴대폰 업그레이드 작업은 이렇게 잿더미에서 다시 시작됐다. 선진 제품과의 비교가 출발선이었다. 이기태 사장이 바빠지기 시작했다. 직접 경쟁업체의 제품을 낱낱이 해부하면서 휴대폰 통화 품질의 핵심 '상호간섭'이라는 난제를 해결해 나갔다.

물론 기술자 확보도 난제 중의 난제였다. 통신 인력이라고 해봐야 군에서 통신병과를 맡았던 사람이 고작이었다. 해외 기술자 확보는 더욱 난감한 일이었다. 어렵사리 러시아 출신 기술자들을 영입했다. 그 시절에는 공장이 무선학원 같았다. 기술자들이 밤새 스스로 공부하고 토의하고, 주말이면 대학 교수를 초빙해 강의를 들었다. 그만큼 열심히 연구에 연구를 거듭했다.

또한 삼성 휴대폰에는 이 회장의 관심과 애정이 세밀하게 녹아 있다. 애니콜이 나오기 전인 1993년 초쯤 이 회장은 개발품을 작동하면서 한손으로 쓰기 쉽게 기판 아래에 있는 '통화(SEND)', '꺼짐(END)' 버튼을 위로 올리면 좋지 않겠느냐고 제의했다. 1998년에서야 실현된 이 같은 버튼 배치는 세계 휴대폰의 원형이 됐다. 2002년 4월에 출시된 조가비 형태의 일명 '이건희 폰' 역시 이 회장의 아이디어가 들어가 있다. 2000년 여름 휴가 중이던 이기태 사장이 이 회장의 호출을 받고 30여 종의 개발품을 안은 채 급히 한남동을 찾았다. 숨가쁘게 신제품 설명을 끝낸 이 사장은 "이 두 개를 합쳐 보라"는 이 회장의 지시에 적잖이 당황했다. 가볍고 얇은 것과 폭이 넓은 제품을 받아든 이 사장은 "잡기 편할 정도로 넓지만 휴대가 용이하게 가볍고 얇아야 한다"는 지침을 받는다. 그렇게 조립된 제품은 2년 뒤인 2002년, 1년 남짓한 사이에 700만 대나 팔렸다. 작아지기만 하는 휴대폰 추세와는 반대로 소비자들은 손에 잡기 편한 휴대폰을 선호한다는 이 회장의 판단이 그대로 적중한 케이스다. 이 회장의 부인 홍라희 여사는 요즘도 이기태 사장에게 "회장께 로열티를 줘야 하는 것 아니냐"며 농담을 건넨다.

화형식 이후 7년 반이 지난 2002년 휴대폰 판매 대수는 4,300여만 대로 세계 3위를 차지했다. 잿더미 속에 버려진 총 500여억 원은 당시 삼성전자 총이익(9,500억 원)의 5.3퍼센트에 이를 정도로 엄청난 규모였다. 그러나 500억 원의 손해는 7년 반 만에 3조 원이라는 이익으로 다시 되돌아왔다.

2002년 9월 18일 서울 한남동 삼성 영빈관인 승지원. 밝은 표정의 이 회장이 회의장에 들어섰다. 윤종용 삼성전자 부회장, 이기태 삼성전자 정보통신부문 총괄사장, 손욱 삼성종합기술원장, 이학수 구조조정본부장 등 삼성 수뇌진 20여 명이 쭉 둘러앉았다. 이날 삼성전자 사장단 회의 의제는 '핵심 인재 확보 방안'이었다. 이기태 사장이 어눌한 말솜씨로 미국·러시아를 상대로 한 최고급 인력 확보 현황을 보고한 뒤 말미에 휴대폰 시장 점유율을 간략하게 언급했다.

"2003년을 기점으로 우리 휴대폰이 세계 시장 10퍼센트 안팎의 점유율을 기록하면서 3위로 올라설 것으로 보입니다. 세계 3강 구도 진입입니다. 이대로라면 3년 후에는 14퍼센트대로 올라가게 될 것입니다. 규모에는 집착하지 않고 고급 브랜드 전략을 더욱 강화하겠습니다."

지그시 눈을 감은 채 보고를 받던 이 회장이 흡족한 표정으로 고개를 끄덕였다.

"기반 없이 출발해 이제 수준이 많이 올라갔네요."

평소 좀처럼 말이 없는 이 회장의 이 한마디로 이 사장의 얼굴이 순간 달아올랐다. 그로서는 감개무량한 순간이 아닐 수 없었다.

장장 여섯 시간의 회의가 끝나고 사장단이 삼삼오오 승지원을 빠져나올 때였다. 동료 사장 몇몇이 부러운 눈빛을 보내며 이 사장에게 "이 사장, 이제 휴대폰은 졸업했네. 축하합니다"라고 인사를 건넸다. 지난 1988년 도시바 제품을 받아 삼성 로고만 붙인 채 몇 대 팔면서 초라하게 시작한 휴대폰 사업이 14년 만에 졸업장을 받은 것이었다.

애니콜에 비친 신경영

이 회장은 2003년 6월 5일 서울 장충동 호텔신라 영빈관에서 신경영 10주년 기념 사장단 회의를 주재했다. 변화와 혁신의 지난 10년을 되돌아보며 신경영 초기의 정신을 되새기는 자리였다. 먼저 20여 분간의 신경영 성과보고가 있은 뒤 영상물 관람이 이어졌다. 1993년 신경영 당시의 영상이 나오며 사장단이 감회에 젖고 있을 무렵 불구덩이 속에서 살아난 휴대폰의 성장사와 "회장의 전폭적인 관심이 없었다면 오늘날의 애니콜이 탄생하기 힘들었을 것입니다"라고 말하는 이기태 사장의 얼굴이 화면에 등장했다.

삼성 제품 가운데 애니콜이 10주년 기념 영상물에 유일하게 등장한 것이다.

"10년이 지나면서 공감대가 엷어지는 현상이 일부 나타나고 있긴 하지만 그렇다고 신경영 정신이 어디로 간 것은 아닙니다. 아직 신경영 정신의 10분의 1도 제대로 실천하지 못했다고 생각합니다."

애니콜 신화의 주역 이 사장의 각오 섞인 겸손의 말이다.

삼성의 휴대폰 변천 과정을 보면 '나부터 알자', '디자인' 등 이건희 회장이 평소 즐겨 쓰는 감각적인 경영 키워드가 그대로 드러난다.

1993년 10월 출시된 SH-700은 애니콜 신화의 발판이 된 모델이다. 우리나라에 산악 지형이 많다는 점을 감안해 최적의 회로 설계를 적용, 통화감도를 높였다. 이로써 가장 한국적인 제품을 통해 당시 국내 휴대폰 시장을 석권하고 있던 외산 모토롤라를 꺾기에 이르렀다. '먼저 스스로가 처한 위치를 알아야 변할 수 있다'는 이 회장의 철학이 스며든 제품이라는 평가를 받고 있다.

1999년 유럽시장(GSM 방식)을 겨냥해 나온 SGH-600은 이 회장이 강조한 디자인의 중요성을 한껏 담은 세품이다. 기하학적이며 균형 잡힌 간결한 디자인을 원하는 유럽인의 취향을 상품기획 단계에서 파악, 최대한 심플하게 보이도록 컨셉트를 잡았다. 화려하지는 않되 질리지 않는 디자인으로 승부를 걸었던 제품이라는 게 삼성전자 황창환 수석 디자이너의 설명이다. 국내용 제품에 회로만 변경해 유럽시장에 도전, 참패를 면치 못했던 기존 것과 비교하면 괄목할 만한 성과였다. GSM 방식의 수출 단일 모델로서 구주 시장에서 1,000만 대나 팔렸다.

2000년 나온 업계 최초 듀얼폴더 휴대폰 SPH-A2000은 기술자의 시각이 아니라 소비자의 시각에서 제품에 접근하라는 이 회장의 철학이 묻어난 제품이다. 폴더 형태 휴대폰의 불편한 점을 조사한 결과, 75퍼센트가 넘는 소비자가 휴대폰의 동작 상태를 보기 위해서는 폴더를 열어야만 하는 단점을 가장 큰 문제로 지적했다. 이 모델은 외부에 푸른색의 LCD 창을 하나 더 달아 기존 폴더의 문제점을 해결했다. 일명 '블루아이(blue eye)'라는 이름으로 국내와 아시아에서 선풍적인 인기를 끌었다.

세계 최초로 여성 전용 특화시장을 개척한 SPH-A4000, 일명 '드라마폰'은 휴대폰 사용자의 절반인 여성을 위한 제품이 필요하지 않겠느냐는 이 회장의 조언으로 탄생한 모델이다. 2000년 11월 나온 이 제품은 자연주기법으로 배란일을 체크할 수 있는 기능과 칼로리를 계산하는 기능으로 특화됐다. 이 제품 이후 거울폰 등 여성 전용 휴대폰이 줄지어 나왔다.

이제 삼성전자의 애니콜은 타의 추종을 불허하는 한국 대표 상품으로 자리잡았다. 애니콜의 2003년 11월 현재 브랜드 가치는 4조 원을 육박하고 있다. 최근 삼성은 '첨단 디지털'과 함께 '즐거움', '인간미', '세련미'를 새로운 시대에 어울리는 애니콜의 이미지로 쌓아간다는 브랜드 전략을 내세웠다. 이를 바탕으로 2010년 세계 시장 점유율 25퍼센트와 매출액 250억 달러 이상을 유지한다는 전략을 세워놓고 있다.

아스트라, 또 하나의 명품 도전

골프웨어 사업

혹독한 면접관 만나는 '아스트라 품평회'

이건희 회장은 골프 브랜드 '아스트라'에 대해 특별한 관심을 갖고 있다. 미국의 세계적인 골프웨어 브랜드인 '바비 존슨'을 벤치마킹하면서 국내에서 이른 시일 안에 최고의 골프 브랜드가 되는 것은 물론 점차 선진 시장에서도 인정받는 '명품' 골프 브랜드를 만드는 것이 이 회장이 말하는 '또 하나의 도전'이다.

이 회장이 총수로서 워낙 반도체나 휴대폰 중심으로 경영화두를 내놓다 보니 삼성 내부에서조차 상대적으로 아스트라에 대한 관심이 덜한 것으로 돼 있지만 실상은 그렇지 않다. 단적인 예로, 제일모직 최고경영자들은 1996년 이후 1년에 두 번씩 시험대에 올라 왔다. 봄·가을에 열리는 이 '아스트라 품평회'는 이 회장이 직접 주재한다.

2003년 5월 22일 한남동 승지원에서 봄 품평회가 열렸다. 원대연 제일모직 패션부문 사장을 비롯하여 안복현 제일모직 사장(직물 및 케미컬), 이홍수 아스트라 담당상무, 임경란 디자인실장, 박범용 브랜드매니저 등 이른바 '아스트라 사단'이 여름 신상품 10여 점을 벽에 걸어놓고 초조하게 이 회장을 기다리고 있었다.

이 회장과 부인 홍라희 여사가 잠시 후 들어왔다. 미술을 전공한 홍 여사는 미적 감각이 뛰어나 종종 품평회에 참석한다. 간략한 이 회장의 격려인사에 이어 품평회가 시작됐고 이 상무가 2003년 여름 패션 동향을 보고했다.

진열된 '작품'의 디자인과 소매, 깃 등의 재봉상태를 요모조모 면밀하게 살피는 이 회장 부부를 지켜보는 아스트라팀은 극도로 긴장할 수밖에 없었다. 명콤비 면접관을 만난 셈이다. 이 회장의 품평은 예의 거침없이 이어졌다.

"우리는 기본을 매우 등한시하는 경향이 있습니다. 유행하는 색깔을 좇다 보니 화이트, 블랙, 베이지, 블루 등 기본 색상을 무시합니다. 골프웨어는 바지, 티셔츠, 재킷의 색상이 어울려야 합니다. 그런데 소비자 입장에서 한번 살펴보세요. 티셔츠, 바지, 재킷을 장롱 속에 제각각 보관하는 경우가 허다합니다. 라운드를 앞두고 집에서 이리저리 옷을 찾느라 시간을 허비하고 또 못 찾으면 짜증을 내며 골프장을 향하게 됩니다. 이럴 때 화이트나 블랙 등 기본 색상 제품이 장롱 속에 있으면 얼마나 좋겠습니까. 기본 색상은 아무 색깔의 옷이나 받쳐 입을 수 있지 않겠습니까."

이 회장의 '기본'을 중시하는 철학에 참석자들은 고개를 끄덕였다. 디자이너들에게는 장인기질이 있어 고집이 매우 센 데다가 유행만을 좇다 보니 기본을 소홀히 하는 경우가 없잖아 있다는 점을 지적한 것이다.

그는 진열된 남성복 티셔츠에 대해서도 품평을 이어갔다.

"디자인과 소재가 마음에 듭니다. 잘 만들었어요. 그런데 이 디자인과 소재를 바탕으로 만든 비슷한 유의 여성복은 없나요? 이 소재와 디자인을 여성복에도 적용할 수 있는지를 검토해 보는 게 어떻습니까. 동일한 소재로 옷을 만들다 보면 재료비가 절약되는 1석2조 효과가 있습니다."

골프를 직접 체험하라

지난 1996년 5월, 이 회장은 아스트라 담당자들을 삼성 본관 회장실로 불렀다. 좌중을 둘러본 이 회장이 작심한 듯 입을 열었다.

"일류 소재를 들여다가 삼류 제품을 만들다니. 이렇게 하려면 당장 사업을 접으시오. 문제는 디자인인데 디자이너들이 현장을 모른 채 상품을 만드니 삼류 소리를 듣는 겁니다."

참석자들의 얼굴엔 당혹감이 역력했다. 이 회장은 이어 비서실에 아스트라 상품기획·디자이너들의 안양CC 입소를 지시했다. 개발·디자이너 20여 명은 안양CC에서 보름 동안 골프만 쳤다. 그들 가운데는 골프채를 처음 잡는 직원이 대부분이었다. 골프를 직접 체험하면서 골프웨어의 소재나 색상, 그리고 기능을 고민하고 체득하도록 하라는 이 회장의 의도를 엿볼 수 있는 사례였다.

1996년 10월 이 회장은 아스트라 가을 품평회를 안양CC에서 주재했다. 그 자리에서 이 회장은 선진 제품 벤치마킹을 지시했다.

"유럽의 부호들이 즐겨 찾는 벨기에 브뤼셀에 '드간(Degannd)'이라는 매장이 있습니다. 거기 가서 초일류 제품이 뭔지를 보세요. 아스트라가 선진 제품과 무엇이 어떻게 다른지, 가서 보면 부족한 부분이 한두 가지가 아니란 걸 알게 될 겁니다."

품평회가 끝나자마자 아스트라 담당자들은 부랴부랴 짐을 챙겨 유럽 출장길에 올랐다. 그들은 드간을 비롯해 던힐, 마스터스 등 선진 골프웨어 매장을 둘러보면서 벤치마킹 대상이다 싶으면 모조리

주위담다시피 했다. 이들의 '싹쓸이' 쇼핑에 매장 직원들의 눈이 휘둥그레졌다.

이 회장과 홍 여사는 아스트라 디자이너이자 상품개발팀원이라고 하는 편이 어울린다. 해외 출장 때마다 의류 매장에 들러 선진 제품을 구입해 원대연 사장에게 전달해 주기 때문이다. 2002년 일본 출장길에 홍 여사는 '선캡'을 사서 원 사장에게 건넸고 제일모직은 곧바로 이를 벤치마킹해 새로운 모자를 내놨다. 귀 부분까지 햇빛을 막을 수 있는 게 특징인 이 선캡은 2002년 여름부터 출시돼 좋은 반응을 얻었다.

이 회장은 자신의 이런 노력에도 불구하고 아스트라 브랜드가 '제자리걸음'을 하고 있다는 사실에 내심 불만이었다. 2002년 10월 열린 품평회에서 아스트라의 현황에 대한 보고가 끝나자 이 회장의 질책이 이어졌다.

"내가 변화를 강조한 게 언제적 얘긴데 아직도 제대로 안 되고 있다. 일하는 사람들의 생각이 변하지 않고 있다. 다른 삼성 제품들은 세계 1위 브랜드를 향해 진격하고 있는데 아스트라는 국내 1위조차 못하고 있다."

이 회장의 이런 질책은 물론 특별한 관심에서 비롯된 것이다. 이 회장은 1998년 아스트라가 후원한 박세리 선수가 미국 LPGA US오픈에서 우승할 당시 누구보다도 기뻐했다. 박 선수의 우승은 당시 IMF체제에서 삼성의 쾌거이자 국가 차원의 청량제나 다름없었다. 얼마 지나지 않아 박 선수가 귀국하자 이 회장은 두둑한 특별 보너스를 내놓기도 했다.

국내 1위와 세계 톱브랜드가 되기 위한 아스트라의 힘찬 행진은 지금도 진행 중이다. 미국의 300여 개 유명 골프숍과 중국 상하이와 베이징의 백화점 입점에 성공했으며, 미국에서 최고 인기를 얻고 있는 미국 LPGA의 줄리 잉스터를 통해 브랜드 이미지 제고에도 적극 나서고 있다. 아스트라 실무진은 신경영 정신을 실천하고 아스트라의 꿈을 이루는 데 매진하고 있다.

골프에서 배우는 신경영 정신 | 이건희 회장의 골프 경영학 |

이건희 회장의 경영철학에서 '골프'는 빼놓을 수 없는 키워드다.

골프·야구·럭비는 삼성의 3대 스포츠로 그는 골프에서는 룰과 에티켓, 그리고 자율을, 야구에서는 스타플레이어와 캐처의 정신을, 럭비에서는 투지를 배워야 한다는 생각을 갖고 있다.

이 회장은 골프를 통해 자신의 한계를 시험하곤 한다.

수년 전 몇 명의 사장들이 LA 팜스프링 골프장에서 라운딩을 준비했다. 그러나 이 회장은 사장들끼리 라운드를 하라며 자신은 드라이버 하나만 빼들고 연습장으로 갔다. 이 회장은 라운드가 끝날 때까지 드라이버로 연습하면서 볼 스피드, 각도 등을 면밀히 연구했다. 그런 노력은 과거 전성기의 구질을 되찾을 때까지 계속됐다.

신경영 개혁이 한창이던 지난 1993년 도쿄 오쿠라 호텔에서 이 회장은 회의 도중 신경영 정신을 골프에 빗대 강조하기도 했다.

"드라이버가 250야드 나가는 사람이 10야드 더 내려면 근육이나 손목의 힘, 그리고 목 힘이 달라져야 한다. 아이언을 처음 치는 사람이 50야드 내려면 아주 쉽지만, 150야드에서 160야드로 10야드 더 보내기란 제로에서 100야드 보내는 것보다 더 힘들다."

기업이나 개인이 한계를 극복하려면 총체적인 개혁이 이뤄져야 한다는 의미의 말이었다. 그는 과거에 대한 부정 없이는 개선도 없는 법이라며 프로 골퍼들이 슬럼프에 빠지면 골프채 잡는 법부터 시작하는 것도 바로 이런 이유 때문이라고 했다.

이 회장은 또 골프 스윙을 할 때 힘을 빼는 게 얼마나 중요한지를 늘 강조한다. 그 말에는 '유연한 조직'이 성공한다는 의미도 담겨 있다.

한편, 벤치마킹의 중요성을 골프에 비유한 이 회장의 이야기는 우리에게 적잖은 교훈을 준다.

"왜 혼자서만 개발하려고 하는가. 이것은 애사심이 아니다. 우리 실력으로 안 되면 결국 언젠가는 같은 기술을 또 도입해야 한다. 골프와 비교하면 혼자 연습하다가 도저히 백타를 못 넘기고 결국 프로한테 배우러 가는 것과 마찬가지다."

일류 주거문화 창조 타워팰리스

건축·건설 사업

회장님, 청국장 냄새가 납니까?

삼성 신경영의 핵심 키워드인 '질경영' 정신은 반도체·휴대폰·모니터 등 월드베스트 제품만이 아니라 건축 분야에도 영향을 미쳤다. 후발업체로 아파트 건립에 뛰어든 삼성이 선발업체들의 틈바구니 속에서 국내 정상까지 오르기 위해서는 신경영 철학을 바탕으로 수많은 노력을 쏟아야 했다. 1999년 7월 6일 이 회장이 서울 도곡동 주상복합 타워팰리스 모델하우스를 방문하는 날이었다. 그곳 주방에는 특유의 진한 냄새를 풍기는 청국장이 펄펄 끓고 있었다. 그런데 왜 하필이면 회장이 오는 날 청국장을 끓였을까.

오후 3시쯤 이 회장을 태운 벤츠 차량이 현장에 도착하자 현장 관계자들의 얼굴엔 긴장감이 어렸다. 이 회장이 타워팰리스 프로젝트(T프로젝트) 책임자인 유광석 상무(현 삼성물산 건설부문 부사장)의 안내로 견본 주택에 들어섰다. 이 회장은 안방, 다용도실, 서재 등 구석구석을 꼼꼼히 살피기 시작했다. 1시간 정도 지났을까. 옆에서 보좌하던 유 상무가 조심스럽게 "회장님, 청국장 냄새가 나는지요"라고 물었다. 이 회장은 "청국장? 청국장을 끓이는가"라며 뜬금없다는 표정으로 되물었다. 순간 현장 분위기는 안도 일색으로 변했다.

이 회장이 펄펄 끓고 있는 청국장 냄새를 전혀 맡지 못한 것이다. T프로젝트 팀은 가스레인지의 후드, 기압 차를 이용한 환기구, 에어커튼 등 3중의 냄새방지 장치를 모델하우스 부엌에 설치했다. 부엌 냄새를 없애는 것은 이 회장의 특별 관심사였기 때문이다.

1997년 4월 10일 이 회장은 도쿄 오쿠라 호텔에서 타워팰리스 마스터플랜에 대한 보고를 받았다. 그때 이 회장은 미국 유학시절, 기숙사에서 청국장을 끓여 먹다가 미국 학생들의 격렬한 항의로 고초를 겪었던 일화를 얘기했다. 그러면서 한국적 문화를 수용하되 국제적인 에티켓을 지킬 수 있는 부엌 구조가 필요하다는 점을 지적했다.

삼성은 당초 타워팰리스 자리에 102층짜리 초대형 사옥을 지으려고 했다. 그러나 주민들 반대로 건축허가가 2년 넘게 지연되는 사이 외환 위기가 터졌다. 기업들이 유동성 확보를 위해 부동산을 대거 내놓기 시작했다. 도곡동에 땅을 갖고 있던 삼성전자·삼성생명·삼성중공업 역시 사정은 마찬가지였다. 이들은 성업공사(현 캠코)에 매각하려 했지만 성업공사도 손을 내저었다. 설상가상 매각 가격은 1994년 서울시로부터 구입했을 당시의 절반 수준인 공시지가 1,800만 원으로 떨어져 고민 끝에 타워팰리스 프로젝트를 택했던 것이다. 결국 사옥을 포기하고 고층 주상복합 건물을 지어 분양하기로 계획을 변경했는데, 바꾸고 보니 양도세 면제 시한이 코앞인 1999년 6월로 다가왔다. 당시 상황에서는 최대한 빨리 지어 분양하는 게 지상과제였다. 1999년 3월 13일 삼성물산 건설부문 임원들이 고층 주상복합 아파트 건설 계획서를 들고 한남동 승지원을 찾았다.

"삼성전자 부지에 용적률을 조금 낮춰 고층 주상복합 아파트를 건립하겠습니다. 일단 1개 동은 61층 아파트로, 나머지 2개 동은……."

이 회장은 보고하던 김헌출 전 삼성물산 사장의 말을 갑자기 끊더니 삼성중공업과 삼성생명 부지는 어떻게 하려고 하느냐고 물었다.

"각 계열사에서 알아서 아파트 등을 짓는 것으로 알고 있습니다."

아니나 다를까 이 회장의 질타가 터져 나왔다.

"아니, 그 땅이 어떤 땅인데. 이렇게 넓은 건축 부지는 서울에서는 다시 나오기 어렵습니다. 그냥 팔아버려서 몇백억 남기면 뭐 합니까. 중요한 땅이니만큼 서울 시민들이 자랑할 만한 주택단지로 만들어 새로운 주거 생활의 패턴을 보여줘야 합니다. 삼성중공업과 삼성생명 부지를 묶어 전체 부지를 복합화하는 마스터플랜을 다시 짜세요. 분양 안 되면 내가 사재를 털어서라도 모두 사들입니다."

이 회장은 당초 사옥 건립 계획이 수포로 돌아가자 타워팰리스에 반도체 등 그룹의 주요 연구인력을 입주시켜 이들이 시너지를 발휘하도록 한다는 구상을 세웠다고 한다. 기흥의 삼성전자, 삼성전기 등에 근무하는 핵심인력들을 이곳에 한데 모아 시너지를 높인다는 의미였다. 이 회장의 구상으로 결국 타워팰리스는 우리 사회 명사(名士)들의 시너지 발현의 장으로 탈바꿈했다.

이 회장의 질책을 받은 삼성 최고경영자들은 계열사들과 협의해 시너지를 높일 수 있도록 마스터플랜 짜기에 몰두했다. 시너지는 공사 과정에서 나타나기 시작했다. 삼성전자는 타워팰리스에 시스템 에어컨을 공급하면서 시스템 가전과 빌트인 시장이라는 분야에 눈을 떴고, 홈네트워크 시스템에 본격적으로 나섰다.

결국 삼성전자는 타워팰리스에 세계 최초로 홈네트워크 시스템을 적용하면서 얻은 노하우로 스페인 등에 전시관을 마련하는 등 세계 시장에서 삼성의 기술력을 과시하게 되었다. 한편, 삼성중공업은 초고층 건축기술의 노하우를 터득했다. 에스원은 타워팰리스의 보안,

이 회장의 건설관이 건물의 내부 깊숙이까지 반영된 타워팰리스 전경. 당초 사옥 건립이 추진됐으나 주상복합 아파트로 용도 변경되는 우여곡절을 겪었다.

안전을 위해 범죄가 많은 미국 뉴욕의 트럼프타워 등에 대한 사례조사를 통해 새로운 시큐리티 시스템 시장에 도전하고 있다.

1996년 5월쯤 이 회장은 본관 회장실로 최훈 전 삼성물산 건설부문 대표를 불렀다. 그는 단단히 화가 난 표정으로 이렇게 호통을 쳤다.

"집은 사람을 담는 그릇인데 삼성에서 짓는 아파트가 안 좋으면 그룹 이미지가 망가지는 것은 당연하다. 하나를 짓더라도 제대로 지어야 한다. 그 좋은 계열사 놔두고 뭐 하느냐."

이 회장의 이런 지적은 전자기술을 이용한 사이버아파트, 보안 기능을 강조한 시큐리티아파트 개념을 삼성이 업계 최초로 도입하는 계기가 됐다.

시너지 발현장, 최적의 커뮤니티

이 회장의 타워팰리스에 대한 관심은 각 세대 내부 깊숙이까지 파고들었다. 당시 회장의 지시 사항에는 다음의 내용까지 들어 있었다.

"신발을 많이 넣을 수 있도록 수납공간을 최대한 확보하라. 요즘은 옷 색깔에 따라 신발을 맞춰 신는 패션 시대다. 마루와 부엌 그리고 화장실의 문턱을 없애라. 노인들이 불편해 한다. 왜 아파트 내부가 다 똑같은가. 아이 1, 2명 키우는 집과 2세대 이상이 같이 사는 집의 구조가 같을 수 없다. 입주 후에 새집을 뜯어고치면 국가적인 자원낭비다. 들어오기 전에 입주자의 모든 요구를 수용해야 한다."

이 같은 이 회장의 지시가 반영돼 타워팰리스는 3,070가구의 집 내부 구조가 모두 다르다. 이 회장의 일관된 경영철학인 스피드 경영도 타워팰리스 공사 과정에 그대로 적용됐다. 타워팰리스는 IT기술을 접목한 물류 시스템 구축으로 한 층 올라가는 데 세계에서 제일 빠른 11일(마감 포함)밖에 걸리지 않았다. 건설 요소기술이 뛰어난 일본도 17~18일이 걸리는 것을 감안하면 엄청난 속도다.

타워팰리스 1차의 마감 공사가 시작되던 날 이 회장은 세 번째로 모델하우스를 방문했다. 다른 건설 현장을 한 번도 찾지 않던 이 회장으로서는 매우 이례적인 일이었다. 물론 자신의 철학과 주문사항을 일일이 점검하기 위한 것이었다. 이 회장이 현장을 둘러본 뒤 지나가는 말로 "하와이는 참 공기가 좋습디다"라고 한마디했다. 순간 유광석 상무는 뜨끔했다. 타워형 빌딩의 약점은 실내공기가 갇혀 있다는 데 있었기 때문이다.

T프로젝트 관계자들이 하와이에 급파됐다. 평균기온 낮 섭씨 28도, 밤 25도에 습도 38~45퍼센트, 초속 1미터의 미풍, 1입방미터당 1,000개가 넘는 음이온 등 하와이 공기를 재현할 수 있는 하와이 공조 시스템이 2년 여의 연구 끝에 개발됐다. 공사뿐만 아니라 분양 과정도 파격 그 자체였다. 회사 측은 명사들을 모으기 위해 일반 공개 분양이 아닌 일대일 마케팅에 의한 입주자 선별 작업을 펼쳤다.

현재 타워팰리스 입주자 면면을 보면 삼성 사장급을 비롯한 기업체 임직원이 4명 중 한 명으로 가장 많고, 벤처를 비롯한 크고 작은 기업체 대표들이 입주해 있다. 주요 국가 대사 등 외국인도 20가구나 된다. 타워팰리스가 국제화의 실험장 역할을 하고 있는 셈이다. 앞으로 남은 일은 한국 사회의 명사들이 시너지를 발휘할 수 있는 곳이 되기 위해, 입주민들이 최적의 커뮤니티라는 것을 체험할 수 있도록 철저히 관리하는 것이다. 자칫 부동산 개발업자들의 품에 안길 뻔했던 도곡동 알토란 땅은 상전벽해(桑田碧海)란 말 그대로 주거문화에 일대 혁명을 일으키며 오늘도 변신에 변신을 거듭하고 있다.

적자 나더라도 부실은 안 된다 | 이건희 회장의 건설관 |

이건희 회장이 건설 관련 계열사 사장단을 만날 때마다 빼놓지 않고 하는 말은 '안전'이다. 사장단이 '부실', '인명 사고'에 대해 노이로제에 걸릴 만큼 이 회장이 안전을 강조하는 데는 그만한 이유가 있다. 바로 구포 열차 사고라는 참담한 기억 때문이다.

지난 1993년 3월 삼성종합건설(현 삼성물산 건설부문)이 시공을 맡은 구간에서 작업을 하던 하청업체가 안전을 무시한 발파작업과 설계변경 등 부실공사로 대형 사고를 냈다. 사고가 발생한 날 임원진에서는, 처음에 고의가 아니라 정말 몰라서 '우리는 책임이 없다'고 보고했다. 사흘 뒤에 남정우 당시 사장이 책임을 져야 한다고 보고하자 회장은 허위보고에 대한 질책없이 몇 가지 지시를 내렸다. 첫째는 부상자에 대한 치료 및 위문과 사망자 수습에 최선을 다하라는 것이었고, 두 번째는 구속된 임직원에 대해 사장단이 조를 짜서 면회하고 가족을 안심시키라는 것이었다. 그후 회상은 인명 사고에 대해서는 전혀 용납하지 않았다.

'부실 엄단'이라는 이 회장의 지상명령은 한 걸음 더 나아가 '품질'로 이어졌다. 1995년 서울 마포 도화동 삼성아파트 건설 당시 40여억 원의 손해를 보면서까지 지하주차장에 자동환기 시스템을 설치했다. 또한 조경을 차별화하고 도로경계석을 콘크리트 대신 화강석으로 하는 등 아파트의 품격을 높이는 데 주력했다.

삼성물산 건설부문 송문헌 전무는 "회장은 건설업이 단지 건축물을 수주, 시공하는 사업이 아니라 새로운 주거, 건축 문화를 창출하는 것이라는 생각을 하셨던 것 같다"면서 "그 당시엔 평당 10만 원의 적자를 봤지만 이후 업계 중위권에 머물렀던 삼성 아파트가 1위로 도약하는 발판이 됐다"고 했다.

래미안(來美安) 브랜드는 이 같은 질경영의 실천 과정에서 탄생한 것이다. 도화동 아파트로 인지도를 얻은 삼성은 이 일대를 타운화하면서 업계에서 무섭게 두각을 나타내기 시작했다.

이 회장은 최근 들어서는 건강, 특히 생명을 아파트에 담을 것을 주문하고 있다. 2002년 11월 열린 사장단 회의에서 "건설업은 환경을 훼손하기 쉽고 공해를 유발하기 십상이니 건설 과정에서 심각하게 고민할 것"을 지시했다.

삼성물산 건설부문이 2003년 2월 업계 최초로 10명의 스태프와 10명의 연구진으로 구성된 건강주택팀을 신설한 것도 이 때문이다. 팀장을 맡고 있는 조성찬 상무는 "아직 국내 법규가 없는 상태에서 실내 마감재에서 나오는 포름알데히드, 휘발성 유기화합물 등 인체에 유해한 성분을 국제적 기준에 맞출 수 있도록 건축자재 발굴과 개발에 힘을 쏟고 있다"고 말했다.

고감도 서비스를 추구하라

삼성서울병원, 에버랜드, 삼성화재

환자 입장에서 세워진 삼성서울병원

1995년이 저물어 가던 어느 날, 서울 강남구 일원동에 있는 삼성서울병원에 비상이 걸렸다. 이건희 회장이 입원할 것이라는 소식이 전해졌기 때문이다. 한용철 원장(1999년 작고)을 비롯한 병원 수뇌부의 움직임이 예사롭지 않았다. 당시는 신경영으로 삼성그룹 시스템과 임직원들의 의식 개혁이 한창 진행되고 있던 때인지라 이 회장을 기다리는 병원 분위기는 극도로 긴장돼 보였다.

그런데 얼마 지나지 않아 아주 건강한 모습의 이 회장이 비서진과 함께 뚜벅뚜벅 걸어서 병원으로 들어오는 것이 아닌가. 그후 이 회장은 3일 동안 20층 특실에 머물다가 퇴원했다.

그는 입원하는 동안 아무 치료도 검사도 받지 않았다. 다만, 외래 환자가 빠져나간 저녁에 20층에서 나와 사람들이 알아볼까 봐 모자를 쓴 채 휠체어를 타고 매일 한두 시간씩 병원 곳곳을 돌아다녔다.

왜 그랬을까. 놀랍게도 이 회장은 환자의 입장에서 병원 구석구석을 돌며 환자와 내방객들의 동선을 일일이 확인하고, 시설과 서비스 등을 직접 점검했던 것이다. 병원을 짓기 전에 이미 이 회장은 병원 관계자들에게 존스홉킨스 병원, 도쿄대 병원 등 세계 유명 병원에 3,4일간 입원해 환자의 입장에서 병원을 살펴볼 것을 지시했었다.

　삼성서울병원에 가면 신기할 정도로 지하 4층까지 햇볕이 들고, 병원 특유의 포르말린 냄새가 나지 않는다. 환자의 입장에서 병원 짓기를 바란 이 회장의 배려에서 나온 결과다.

　이렇게 세워진 병원에 이 회장이 입원까지 하면서 현장을 점검한 이유는 무엇일까. 이 회장이 입원하기 몇 개월 전의 일이다. 이 회장은 임경춘 전 삼성 일본 본사 부회장에게 서울 와서 병원에 한번 가보라고 지시했다. 임 전 부회장은 급히 채비를 갖춰 서울 출장길에 올랐다. 그의 목적지는 다름 아닌 삼성서울병원 영안실. 와서 보니 정말 이 회장의 말 그대로 '도떼기시장'이었다. 국내 최대 규모, 최신식 시설의 병원을 열어 차별화한다고 했지만, 영안실 분위기만은 어쩔 수 없었던 것이다. 다른 병원과 다를 게 하나도 없었다. 술 냄새, 담배 연기, 향내가 섞여 퀘퀘했고 여기저기서 시끄럽게 떠드는 소리들로 혼란스러웠다. 이 회장은 상주를 위해 상가는 떠들썩해야만 한다는 우리의 장례문화를 경건한 방향으로 바꿔 보길 원했고, 그걸 의료원이 해 주길 기대했다.

　즉각 개·보수 공사가 진행됐다. 벽에 흡음제를 붙이고 간접조명을 설치하고 상주가 쉴 수 있는 공간을 마련했다. 먼저 비어 있던 지하 2층부터 이 개념을 도입해 식당·휴게소·샤워실을 만들고, 다음 지하 1층을 닫은 뒤 천장 구조를 바꿨다. 분향대엔 특별 환기시설이 설치돼 향 냄새를 흡수하게 했다. 한마디로 리노베이션이었다.

　다른 한편으로 병원 관계자들의 근태 파악에도 착수했다. 염할 때 관행으로 주고받는 촌지를 포함해 잘못 시행되고 있는 것은 근절시키고 해마다 감사를 펼치고 있다.

그 결과 다른 병원에 비해 후발주자인 삼성서울병원이 환자 편의 위주의 신경영 개념을 도입해 의사들이 환자를 대하는 태도, 장례 서비스에 대한 인식을 크게 바꿔놓았고, 다른 병원들도 이에 자극을 받아 앞다퉈 개선에 합류, 우리나라의 병원문화와 장례문화를 한 단계 발전시켰다는 평가를 받고 있다.

끊임없는 서비스 연구·개발

이 회장의 고객 우선 서비스 경영은 연간 20퍼센트 이상의 국민이 찾는 놀이공원 에버랜드에서 더욱더 두드러진다. 1994년 이 회장은 허태학 대표이사 전무(현 삼성석유화학 사장)에게 흥미로운 지시를 내렸다.

"그간 자연농원(현 에버랜드)은 나무, 가축 등을 키웠기 때문에 덩치 큰 사람들 위주로 채용했을 것입니다. 서비스에는 그런 사람들이 적당하지 않습니다. 잘 생각해 보세요."

허 사장은 곧바로 '공급자 중심의 1차산업형 인재로는 수요자 위주의 3차산업에 맞지 않는다'는 지적이란 것을 감지했다. 이후 에버랜드의 변신은 급격히 진행됐다.

우선 자체 서비스 질을 높이기 위해 서비스 아카데미를 만들었다. 선진 서비스가 뭔지를 배우러 1996년 1,300여 명의 전 직원이 일본 도쿄 디즈니랜드와 미국 올랜도 디즈니랜드를 찾기도 했다. 신경영 선언 당시인 1993년에 연간 400만 명이던 방문객 수가 10년이 지난 지금, 배를 넘어섰다.

이런 상황이 되면 서비스 질은 다시 떨어지게 마련이다. 2001년 6월 에버랜드를 찾은 이 회장은 인기가 높은 물놀이 리조트 '캐리비

차별화된 삼성의 서비스

회사		내용
삼성생명	보험품질보증제도	계약자 자필서명 부재 등 사유 발생하면 납입보험료 전액 환급
삼성화재	애니넷서비스	고객 차량에 텔레매틱스 장착, SOS 서비스 등 각종 서비스 제공
에버랜드	감성연출 서비스	현장 근무직원들이 춤과 개그, 동작연기로 고객에게 즐거움을 주는 서비스
호텔신라	인포·모바일 시스템	고객 외출시 객실로 걸려 오는 전화를 고객 휴대전화로 자동 연결해 주는 시스템
삼성서울병원	서비스라인제	당일 진료·검사 결과를 원스톱 확인 (심장혈관센터 적용, 암센터 적용)

안베이'를 지목하고 돈 남길 생각 말고 깨끗한 물로 양질의 서비스를 제공할 것을 주문했다. 웬만한 여름 물장수로서는 선뜻 이해하기 어려운 대목이 아닐 수 없었다. 에버랜드가 이윤만 추구하는 기업이 아니라, 친절·질서 등을 터득할 수 있는 교육의 장이 돼야 한다는 그의 생각을 드러낸 말이었다. 최근 캐리비안베이의 하루 입장객을 1만 5,000명에서 1만 2,000명으로 대폭 줄인 것도 그런 이유에서다. 단순히 고객에게 친절한 서비스에 그치지 않고 사회에 기여하는 측면까지 고려해야 한다는 이 회장의 지론을 한마디로 정리하면 '연구·개발(R&D)'이라고 할 수 있다. 실제로 서비스 R&D는 삼성화재에선 교통안전문화연구소, 호텔신라에선 조리연구소 등의 형태로 구체화되고 있다.

2001년 6월 금융 관계사 사장단 회의 때 이수창 삼성화재 사장이

"한국이 OECD 국가 중 1만 명당 교통사고 사망자 수 1위여서 손해율이 자꾸 올라가 걱정된다"고 하자, 이 회장은 "사고 난 뒤에 보상만 생각할 것이 아니라, 사전에 교통사고를 줄이는 데 필요한 전문가를 양성하고 사고 감소를 위해 연구·개발을 하면 되지 않느냐"고 제안했다. 놀랍게도 사후서비스(After Service)를 뛰어넘어 사전서비스(Before Service)를 주문한 것이었다. 이 사장은 즉각 11명의 전문 연구진을 확보, 삼성교통안전문화연구소를 개설했다.

민간기업이 100억여 원을 들여 교통안전 전문연구기관을 세워 실험하고 연구자료도 내면서 국민 교육을 하는 것은 매우 이례적인 경우다. 2000년 1만 명을 넘어선 교통사고 사망자 수가 2002년 7,000명으로 뚝 떨어진 데는 삼성이 일정 부분 기여했다는 평가를 받고 있다.

월드컵을 앞둔 2002년 4월 이 회장은 투숙객의 한 사람으로 호텔신라에 방을 잡았다. 평소 썩 성에 차지 않았던 호텔신라가 월드컵 VIP 전용호텔로 지정되자 걱정이 앞섰던 것이다. 그는 호텔에 머무는 동안 호텔신라 이만수 사장과 전 임원을 방으로 불러 새벽 4시가 될 때까지 많은 얘기를 나눴다. 그 자리에서 이 회장은 삼성을 찾는 외국인의 입장에서 보면 호텔은 '현관'이라며 서비스가 예술적 차원으로 승화돼야 한다고 강조했다. 스위트룸을 옮겨다니며 무려 2주일을 머문 그는 월드컵 몇 개월 뒤인 2002년 10월 호텔신라 경영진에게 호텔경영 전문 서적 등 300권의 책을 보냈다.

호텔신라 사장 및 임원, 팀장들은 매주 화요일 이 회장이 보내준 책으로 세미나 형식의 윤독회를 갖는다. '고감도 서비스'를 추구하는 이 회장의 욕심은 이렇듯 끝이 없어 보인다.

내부 고객인 종업원부터 만족시키는 서비스

삼성에 개혁의 바람이 막 일기 시작한 1993년 6월, 독일 베를린에 있는 삼성전관(현 삼성SDI) 독일생산법인 화장실에서 이 회장이 목소리를 높였다.

"왜 이리 어두워요. 편안하고 아늑하게 느껴져야 할 곳이 이렇게 지저분하면 어떡합니까. 벽에 조화라도 붙여요. 비누는 손을 뻗으면 바로 잡히는 곳에 있어야 하지 않겠어요. 거울도 좀 큰 걸로 갖다 놓으세요."

수행 중이던 김순택 삼성전관 전무는 도무지 할 말이 없었다. 그저 거침없이 쏟아내는 이 회장의 말을 수첩에 받아적기에 급급했다. 전관 독일법인은 1992년 이 회장이 직접 독일 정부 관계자들과 협의를 거쳐 도시바·필립스·톰슨 등을 물리치고 인수한 공장이다.

이 회장의 이런 지적은 독일인, 한국인 할 것 없이 화장실은 화장실이라는 통념을 확 바꿔 버렸다. 회사는 즉각 수십만 마르크를 들여 호텔 수준의 화장실 개조에 나섰다. 당시 이 회장의 지적 사항은 무려 스물세 가지나 되었다.

이 회장이 화장실 등 작업환경의 청결을 강조한 것은 비단 신경영 당시의 일만은 아니다.

1980년 무렵 이 회장이 부회장이던 시절, 그는 아무 언질없이 이침에 수원역에서 통근버스를 탔다. 그리고 직원들과 얘기하며 삼성전자 수원 사업장으로 출근해서는 화장실·식당 등을 돌아보면서 하나하나 지적하기 시작했다. 그러면서 "품질과 서비스는 인간 존중에서 나오고 작업환경이 좋아야 직원들이 상쾌한 마음으로 일할 수 있다. 그래야 품질과 서비스가 좋아지지 않겠냐"며 작업환경의 개선을 지시했다.

　이 회장은 내부 고객인 종업원을 먼저 만족시키는 것이 외부 고객에게 최상의 품질과 서비스를 제공하기 위한 전제 조건이라고 생각했던 것이다. 이 같은 이 회장의 철학이 구체화된 것은 1995년부터다. 삼성은 이 회장의 지시로 전 계열사 사업장의 화장실을 고급화했다.

　삼성 구조조정본부 방인배 상무는 "당시엔 어느 누구도 화장실에 관심을 두지 않았다"면서 "화장실을 단순 용무 장소가 아니라, '생각하는 공간'으로 탈바꿈시키는 작업이었다"고 말했다.

　실제 우리 사회에 화장실문화 운동이 본격화된 건 월드컵 이전인 2000년에 이르러서였다. 월드컵을 일본과 공동 개최하게 돼 외국인들이 적나라하게 비교할 수 있게 되자, 지방정부와 시민단체가 나서 화장실문화 운동을 전개했다. 화장실 수준은 한 나라의 문화 척도로까지 여겨진다는 점을 감안할 때 삼성이 화장실의 문화·휴식공간화 운동을 펼침으로써 국민 의식 향상을 가속화했던 것이다.

첨단업종은 시간산업, 무조건 앞서라

TFT-LCD 사업

기회선점 전략

2002년 말 삼성전자 사장단 송년 모임이 호텔신라에서 있었다. 이건희 회장 주재로 윤종용 삼성전자 부회장, 이학수 구조조정본부장, 이상완 삼성전자 TFT-LCD 부문 총괄사장 등 10여 명이 자리를 함께 했다.

15조 원의 이익이라는 사상 최대의 실적을 올렸기 때문인지 삼성전자 사장단의 얼굴에는 자신감이 넘쳐 보였다. 물론 이 날 행사는 고생한 사장단에게 이 회장이 총수로서 한턱 내는 자리였다. 와인이 몇 순배 돌자 문득 이 회장이 TFT-LCD 얘기를 꺼냈다.

"LCD가 PC에서 TV로 영역을 확대하면서 적어도 앞으로 10년 동안 초고속 성장을 할 겁니다. 지금까지 그래왔듯이 '삼성이 만들면 표준이 된다'는 점을 명심해서 대형화 못지않게 휴대폰을 포함해 모바일용 소형 제품에 더욱더 신경을 써 주세요."

이 회장의 발언은 LCD 투자전략에 대한 대대적인 수정작업의 출발점이었다. 이상완 사장 주도로 이뤄진 작업 결과, 삼성전자는 당초 검토했던 6세대 라인(32인치)을 전면 백지화하고 대신 7세대(46인치)라인을 앞당기게 됐다. 아울러 종전 1, 2라인 (11~12인치)은 3~4인치용 소형 LCD 생산라인으로 전환시키기로 했다.

그날 이 회장이 매우 진지하게 언급한 '표준화'의 의미에는 '기회를 선점하라'는 메시지가 담겨 있다. 이 회장은 신경영 선언 때부터 줄곧 그 점을 강조해 왔다. LCD사업의 기회선점에 대한 이 회장의 집착은 놀랍게도 신경영보다 훨씬 오래 전에 싹텄다.

지난 1990년 말, 일본에 머물던 이 회장은 샤프, NEC 등 당시 일본 LCD업계의 최고경영진을 잇따라 만나면서 이들이 심각한 고민에 빠졌다는 사실을 감지했다. 'LCD사업을 반도체 사업부에서 수행하는 것이 옳은가, 아니면 별도 사업부에서 추진하는 것이 유리한가'가 그들 고민의 핵심이었다.

LCD는 디스플레이의 일종이지만 그 공정은 반도체와 흡사하다. 공정을 중시하자면 반도체 사업부에서, 완제품에 무게를 두자면 브라운관처럼 디스플레이 사업부에서 추진하는 것이 효과적이다. 도시바, NEC는 반도체 사업부에서, 샤프나 히타치 등은 디스플레이사업부에서 LCD사업을 추진하고 있었다.

이 회장은 서울로 전화를 걸어 김순택 비서실 운영팀장에게 삼성전관(현 삼성SDI)에서 추진 중인 LCD사업을 삼성전자로 옮기는 방안을 적극 검토해 귀국하면 바로 보고받을 수 있게 하라고 지시했다.

삼성은 당시 TFT-LCD사업을 위해 브라운관을 만들고 있는 삼성전관에 전담 연구개발팀을 발족해 놓은 단계였다. LCD가 디스플레이 분야기 때문에 CRT(브라운관)사업 주체였던 삼성전관이 맡게 된 것은 당연한 일이었다.

1991년 2월 이 회장은 일본에서 귀국하자마자 전자 계열사 사장단 회의를 소집했다. 비서실에서는 LCD사업을 삼성전관이 계속 맡는 방안과 삼성전자로 옮기는 방안을 동시에 안건으로 상정했다. 결론은 LCD사업 삼성전자 이관이었다. 이 회장이 직접 나서 교통정리를 명확히 했다.

"LCD는 삼성전자로 이관합니다. 대신 삼성전관은 3, 4년 내 브라운관 시장 점유율을 25퍼센트로 늘려 명실상부한 1위를 달성하세요. LCD사업은 프런티어 정신이 있어야 합니다. 삼성전관은 농업적 근면성은 있으나 창의적인 사업을 할 수 있는 문화가 아닙니다. LCD는 반도체 공정과 흡사하기 때문에 단순히 디스플레이의 하나라고 해서 삼성전관에 맡겨 놓아서는 안 됩니다. 대규모 투자가 수반되는데 삼성전관은 투자 여력도 없어 보입니다."

당시로서는 미래 LCD의 주도권을 보급형액정표시장치(STN-LCD)가 차지할 것인지 초박막액정표시장치(TFT-LCD)가 잡을 것인지가 불투명했다. 삼성전자도 LCD사업을 이관받기를 원하지 않았다. 사업성이 검증되지 않아 부담스러웠던 것이다. 삼성전관도 삼성전자에 사업을 넘겨주는 것에 대해 자존심이 무척 상한 것은 당연한 일이었다.

하지만 LCD사업을 삼성전자로 넘긴 삼성전관은 PDP, 유기EL 등 또다른 첨단 디스플레이 소재 개발에 집중할 여력을 확보, 세계 시장을 놓고 이 분야에서 삼성전자와 선의의 경쟁을 펼치게 됐다. 결국 삼성전관으로서도 전화위복의 상황이 된 것이다.

한편, 삼성전자로 이관된 TFT-LCD 사업은 높은 불량률에다 선진업체들의 견제로 휘청거리게 됐다. 1994년 기흥에 설립한 PC용 11인치 생산 1라인에서는 불량률이 40~50퍼센트에 이르게 되고, 도시바를 필두로 샤프 등 일본 업체들이 후발주자인 삼성을 겨냥해 가격을 후려쳐 댔다. 이로써 당시 1,000달러에 이르던 11인치 PC용

이 회장이 제시하는 기회선점 전략은 시간과의 싸움을 어떻게 전개할 것인가로 요약된다.
기회를 놓치면 엄청난 손실이 발생하고 이를 만회하려면 엄청난 시간이 필요하다는 의미다.

LCD 가격이 절반으로 폭삭 내려앉았다.

LCD사업이 지지부진하자 이 회장은 다시 고민에 빠졌다. 이때 나온 이 회장의 화두가 바로 '5~10년 후에 무엇을 해서 먹고살 것인지를 고민하라'는 것이었다. 이에 따라 미래 수종사업을 찾기 위해 경영진에 비상이 걸렸다. 이 회장은 LCD사업을 앞장서서 미래 수종사업에 포함시켰다. 당시 수종사업으로는 CDMA(부호분할다중접속), 시스템LSI(시스템대규모집적회로), MLCC(적층세라믹캐패시티) 등 10여 개 제품과 부품이 지목된 상태였다.

사실 삼성전자에서는 1994년부터 본격적으로 사업을 추진했는데 매년 수백억 원대의 적자가 이어진 데다 1995년 양산체제가 시작되면서는 불량률이 이만저만이 아니어서 내부에서조차 LCD사업에 발을 잘못 내디딘 게 아니냐는 불만이 터져 나오고 있었다. 그런 와중에 회장이 직접 나서 LCD 부문을 미래 수종사업에 포함시키고 삼성전자에 힘을 실어 주었던 것이다.

'기회 손실'의 교훈과 프런티어 정신

삼성은 1995년 이후 반도체 호황으로 여력이 생긴 자금을 LCD에 집중 투입했다. 당시 일본 업체들이 2세대(11인치)에 치중하고 있는 시점에서 삼성전자는 바로 3세대(12인치)로 치고 나갔다. '위험한 선택'이라는 일반적인 평가에도 불구하고 일본의 LCD업체들과는 달리 도시바 등 일본 노트북 PC업체들은 삼성의 손을 들어 주었다. 일본 관련 업체들이 11인치 대신 12인치를 표준으로 선택함으로써 삼성은 큰 힘을 받게 됐다.

급기야 1997년까지 적자를 기록하던 LCD사업은 IMF를 맞아 빛을 내기 시작했다. 일본 업체들이 투자를 늦추면서 공급이 달리자 LCD의 가격이 치솟은 것이다. 삼성전자는 1999년부터 2000년까지 누적적자 3,000억 원을 충당하고도 1조 원의 이익을 내면서 일본 업체들을 추월했다.

삼성의 기회선점 전략은 5세대(17인치)에서도 히트를 쳤으며 6세대(32인치)를 뛰어넘어 7세대(46인치)로 바로 치고 나가는 또 한번의 도전을 하고 있다.

이 회장은 LCD업의 특성을 '시간산업'이라고 규정한다. 시간과의 싸움을 어떻게 전개할 것인가에 달렸다는 의미다. 기회를 놓치면 엄청난 손실이 발생하고 이를 만회하려면 엄청난 시간이 필요하다는 게 그의 경영철학의 골간이다.

이 같은 '기회 손실'에 대한 이 회장의 지적은 여러 차례 있었다. 공장의 생산직 사원이 잠깐 실수해서 불량품이 발생하는 것은 아무 것도 아니지만 경영자가 기회를 상실하면 회사 흥망이 좌우된다고 줄곧 강조했다.

그는 또한 1990년대 초 제주 호텔신라, 신세계 등 몇몇 계열사들의 기회선점 실패 사례를 사장단들이 반면교사로 삼아야 한다고 역설했다. 그러면서 "제주 호텔신라에 투자할 돈으로 차라리 서울의 강북과 강남을 연결하는 곳에 부지를 마련해 호텔을 지었더라면 더 큰 투자 수익을 올릴 수 있었을 것이다. 경영자들이 호텔업의 특성을 제대로 파악하지 못하고 있으며 미래를 내다보는 안목이 없다"고 지적했다.

그러나 제주 호텔신라는 외국 정상들을 접대할 마땅한 회의장이 없던 당시 고르바초프·장쩌민·클린턴·하시모토 등과의 정상회담을 연이어 유치하는 데 큰 기여를 하면서 이 회장으로부터 "중요한 사회간접시설로 그 역할을 충분히 했다"는 평가를 받았다.

　지금은 삼성그룹에서 분가했지만 그 당시 신세계백화점의 경우도 흥미롭다. 1985년쯤 무역협회가 신세계 기획담당에게 코엑스 입점 의사를 물어 왔다. 신세계 차원에서 이를 검토했으나 부동산 투자업이면 모를까 사업성은 없다는 결론을 내렸다. 나중에 무역협회와 신세계 간의 협의 소식을 들은 이 회장은 "경영진이 앞을 내다보는 안목이 그렇게 없어서야 되겠느냐"며 잘못을 지적했다.

　반도체, LCD 등 삼성이 생산하는 20여 개 월드베스트 제품은 '돌다리도 두드리면서 건넌다'는 삼성의 기존 문화 대신 '나무다리라도 있으면 건너가야 하며 그것도 뛰어서 남보다 먼저 가야 한다'는 프런티어 정신이 낳은 결과다.

이건희식 '업'의 특성

이 회장의 기회선점 경영철학을 이해하기 위해서는 신경영 선언 당시 그가 강조한 '업(業)의 특성'이라는 말을 새삼 눈여겨볼 필요가 있다. 당시 그는 경영자들이 자신이 맡고 있는 회사의 본질과 특성을 제대로 파악하지 못하고 있다면서 '업의 특성'을 정확히 인식하라고 일갈했었다.

1990년대 초 회장과 사장단들이 호텔신라에서 점심식사를 하는 자리였다. 이 회장은 당시 신세계백화점 사장에게 백화점의 업 특성이 뭐라고 생각하느냐고 물었다. 순간 다른 사장들도 멈칫했다. 백화점은 당연히 상품 유통업이 아닌가. 그러나 이 회장은 그때 백화점은 부동산업이라고 진단했다.

1980년대 후반 현명관 호텔신라 전무(현 전경련 부회장)는 이 회장으로부터 호텔업의 특성이 뭐냐는 질문을 받고 직접 일본으로 출장까지 다녀온 일이 있었다. 그때 이 회장의 질문을 받은 현 전무는 "서비스업 아닙니까"라고 대답했다. 그 대답에 이 회장은 "제대로 한번 보세요"라고 지나가는 말투로 얘기했다. 현 전무는 그날로 일본 출장을 결심하고 오쿠라 호텔, 제국 호텔 등 일본 유수 호텔 사장은 물론 호텔·레스토랑 관련 잡지의 편집장까지 만났다.

일본 소식통을 통해 현 전무의 일본 출장 소식을 전해들은 이 회장은 귀국한 현 전무를 불러 호텔업의 특성에 대해 다시 물었다. 현 전무는 호텔업이 '로케이션업'이자 '장치산업'의 성격이 강하다고 대답했다. 이 회장은 그제야 호텔 관리자는 인적 서비스업 수준 정도로 호텔업을 파악하는 게 당연하지만 경영자는 호텔에 장치산업의 성격은 물론 부동산업의 성격까지 있다는 점을 알고 있어야 한다고 설명했다. 호텔의 입지가 개발이익으로 연결되는 만큼 부지 선정 때 각별히 고려할 문제라는 의미였다.

신경영 선포 이후 이 회장의 업에 대한 강력한 주문은 계열사별 토론회로 계속 이어졌다. 회사업의 특성은 물론이고 부서별 업무 특성까지도 토론 대상이었다. 박노빈 에버랜드 사장은 "각종 자료들을 뒤적이고 해외 선진업체들의 기업사 자료를 챙겨 부서별로 주말 워크숍을 갖기도 했다"고 당시를 회상했다.

이 회장은 당시 반도체업은 시간산업, 시계는 패션업, 가전은 조립양산업이라는 특유의 논리를 내세웠다. 또한 카드업은 술장사와 같다고 맥을 짚었다. 술집마담이 돈을 버느냐, 못 버느냐는 술값을 제대로 받아내는 것에 달렸듯이 카드업도 부실 채권 회수와 연체율 최소화, 채권 회수 시스템 구축이 중요하다는 것이다. 이런 맥락에서 보면 이 회장은 오늘날 카드문제를 이미 1990년대 초에 예견했던 것이다.

브랜드 가치와 스포츠 마케팅

삼성의 이미지 높이는 브랜드 전략

올림픽 마케팅으로 이뤄낸 쾌거

삼성전자로 대표되는 삼성이 2003년 거둔 '브랜드' 가치는 108억 달러로 세계 25위를 차지했다. 지난 1999년 31억 달러로 100위권에서 헤매던 성적이 불과 4년 만에 상위권으로 뛰어오른 것이다. 성적 향상 속도가 세계 어느 기업보다도 빠르다.

애니콜을 비롯한 삼성제품이 세계 시장에서 선전하고 있는 것도 이건희 회장의 "브랜드를 키워야 세계 시장에서 살아남는다"는 지시에서 비롯됐다.

삼성이 중저가의 제품을 파는 회사라는 이미지를 벗고 '첨단 디지털기업'이라는 옷으로 갈아입는 출발점은 지난 1996년 이 회장이 IOC 위원에 피선되면서부터다. 기업인 이건희 삼성 회장의 IOC 위원 피선은 개인의 영광임은 물론이고, 삼성 나아가 국가 이미지 제고에 매우 고무적인 일로 받아들여졌다.

지난 1996년 8월 14일 서울 호텔신라. 사장단과 비서실 팀장급 등 삼성의 수뇌부 60여 명이 한자리에 모였다. 애틀랜타 올림픽을 참관하고 돌아온 이 회장의 'IOC 위원 피선 축하연'이 마련된 것이다. 이 회장이 비교적 짧게 인사말을 했고, 참석자들은 기분 좋은 얼굴로 몇 차례 건배했다. 국제 스포츠계에서 이 회장의 활동상을 담은 영상물이 상영되면서 축제 분위기는 나름대로 무르익는 듯했다. ㄷ자형의 테이블에 잔 부딪는 소리와 웃음 섞인 담소가 이어졌다. 그런데 어쩐지 축하연의 주인공인 이 회장의 표정이 그리 밝아 보이지 않았다.

주변을 두어 차례 둘러본 이 회장이 마침내 말문을 열었다.

"다가올 21세기는 브랜드가 경쟁의 핵심이 되는 소프트웨어 경쟁의 시대인데, 사장들이 앉아서 광고 카피나 고치고 있어서야 어디될 일입니까? 브랜드나 광고는 전문적인 분야입니다. 전문가에게 맡겨 삼성의 이미지를 높일 전략을 짜도록 하세요."

이 회장은 애틀랜타 올림픽을 무대로 한 유수 기업들의 마케팅 전략을 있는 그대로 보고 들었다. 현장에서 본 삼성의 이미지는 왜소하기 짝이 없던 터라 이 회장으로서는 단단히 벼른 낌새가 역력했다. 일순 축하연은 수뇌부를 대상으로 하는 '브랜드 특강'으로 변해버렸다.

이 회장은 사실 애틀랜타로 떠나기 직전, 비서실에 "C⁺ 수준의 삼성 이미지를 2000년까지 A⁻ 수준으로 올리기 위한 방안을 강구하라"고 지시해 놓았다. 구조조정본부 홍보팀의 얘기다.

"당시 삼성의 이미지는 해외에서 그저 '아는 회사' 정도로 인식돼 구매 증대로 연결되는 데는 역부족이었어요. 그야말로 C⁺ 수준이었죠. 브랜드를 키워야 한다는 총론에는 모두 찬성했지만, 막상 실제로는 자원이 제대로 배분되지 않아 여의치 않던 상태였습니다. 그런 때 회장이 직접 사장단을 대상으로 강평을 했던 것이지요."

당시 삼성은 '물량떼기'로 제품을 내다팔면서 단발성 광고 판촉이 고작이었다. '좋은 기업 이미지→브랜드 선호도 형성→구매 의사 생성'이라는 브랜드 파워의 선순환 과정에 대해 최고경영자들은 수

긍은 하면서도 실천하지 못하는 상황이었다.

이때가 바로 그룹 차원의 브랜드 전략이 수립되기 시작한 시점이다. 앵글로색슨 족이 달군 인두로 가축에 낙인하는 것에서 유래했다는 브랜드의 의미처럼 전 세계에 삼성이란 이름을 아로새기자는 것이 바로 이때 등장한 올림픽 마케팅 전략이었다. 그러나 올림픽에는 삼성이 비집고 들어갈 틈이 없었다. 코카콜라, IBM, DHL, 비자, 파나소닉 등 세계 유수의 다국적 기업 10개가 이미 자리잡고 있었고, 삼성이 내밀 수 있는 전자 부문에선 파나소닉(AV 부문)이 버티고 있었다.

IOC 측에서는 백색가전 부문을 제안했다. 당시 이 회장은 "삼성의 이미지를 한번 점프업하는 계기를 만들기 위해 코카콜라나 IBM 같은 회사가 어떻게 올림픽 스폰서를 하는지 알아보라"고 지시하면서 IOC와의 협상이 시작됐다. 당시 스폰서(TOP, The Olympic Partners)를 하기 위한 후원금의 출발선은 4,500만 달러였다. 게다가 거래선 초청행사, 광고 등으로 마케팅 효과를 내려면 그것의 3배, 즉 1억 5,000만 달러 이상이 소요되는 건이었다는 것이 제일기획 김낙회 전무의 전언이다.

당시 삼성전자의 연간 총 광고비가 1억~1억 5,000만 달러 수준인 점을 감안하면 TOP 참여는 비용도 만만찮은 데다 설사 투자를 한다 해도 가전으로는 첨단기술력을 표현하기도 어려웠다. 게다가 모토롤라가 이미 IOC와 통신 분야 스폰서십 계약을 위한 협상을 벌이고 있어 괜한 일 한다는 의견이 대세였다. 또한 시기상조라는 의견도 만만치 않았다.

그러나 이 회장은 미래사업인 통신 부문으로 협상할 것을 협상팀에 강력히 지시했다. 그것은 도전이자, 모험이었다. 1996년 삼성 휴대폰 애니콜은 국내에서는 1위를 하고 있었지만, 세계 무대에서는 명함도 못 내밀 수준이었던 게 사실이다. 그러나 올림픽 스폰서 참여를 계기로 '삼성은 중저가 가전회사'라는 이미지를 벗어나 첨단 무선통신회사라는 이미지를 새롭게 심어 주기 위해 그룹의 마케팅 자원을 휴대폰으로 집중하기 시작했다고 구조조정본부 김태호 상무는 말했다.

'설마 삼성이…'라며 방심하던 모토롤라를 제치고 삼성은 1998년 나가노 동계올림픽부터 TOP로 참여했다. 후원은 물론, 올림픽 무선 기술을 모두 책임져야 하는 막중한 임무가 주어졌다. 기술적인 완성도 없이는 좋은 평이 나올 수 없었다. "그룹 차원의 마케팅 역량뿐 아니라 R&D 등 기술 드라이브가 애니콜에 집중됐다"는 게 삼성전자 장일형 전무의 설명이다. 1998년 수출 250만 대를 포함해 총 750만 대를 판매, 2.7퍼센트의 점유율로 세계 시장 9위에 머물던 삼성 휴대폰은 2003년 1/4분기에 10.5퍼센트의 점유율로 세계 3위까지 치솟았다. 2003년 휴대폰 수출물량은 불과 5년 전인 1998년의 18배 수준인 4,380만 대에 이를 전망이다. 그래서 '애니콜 신화의 8할은 올림픽 마케팅'이라는 말이 나올 정도다.

승마에서 골프까지 스포츠 마케팅으로

삼성의 올림픽 마케팅 준비 과정은 한마디로 치밀했다. 이 회장이 삼성의 스포츠 마케팅의 효시로 삼은 것은 승마였다. 삼성승마단 창단 전인 1988년에 이 회장은 'FEI(국제승마연맹)·삼성국제승마대회' 후원계약을 맺을 것을 지시했다. 이 대회는 당시 삼성이 마케팅 타깃으로 삼은 중후진국 중심으로 펼쳐지는 승마대회였다.

1997년엔 9년간 후원을 맡았던 FEI · 삼성국제승마대회를 끝내고, 주로 영국·독일·프랑스 등 승마 강국의 국가 대항전인 '(삼성)네이션스컵' 후원을 시작함으로써 선진 시장으로 타깃을 바꿨다. 삼성 네이션스컵 후원, 올림픽 후원 등을 계기로 'SAMSUNG'을 세계 톱 브랜드로 자리매김하기 위해 선진국을 정면 돌파하는 것으로 전략을 수정한 것이다.

삼성의 스포츠 마케팅을 얘기할 때 또 빼놓을 수 없는 것이 '박세리'로 대표되는 스포츠 스타 육성이다. 1995년부터 후원에 나서 계약금 8억 원에 연봉 1억 원이라는 파격 조건으로 정식 계약을 맺은 것은 1996년 말, 박 선수가 여고 졸업반 때였다. 삼성 브랜드가 찍힌 모자를 쓴 박 선수가 미국 LPGA에서 우승을 하며 '대박'을 터뜨리기 시작한 것은 스폰서십 계약 2년이 채 되지 않은 1998년이었다.

이미 이 회장은 1990년대 중반 무렵 좋은 골퍼를 기르면 국가엔 명예, 개인엔 부와 영광, 스폰서인 기업엔 브랜드 가치 제고로 연결된다는 점을 강조했었다. 그래서 삼성에서는 눈여겨봐 둔 박 선수와 인연을 맺으려 시도를 했다. 사실 당시로서는 성공 가능성도 낮고 예산도 적은 데다 까다로운 조건들이 한두 가지가 아니었다. 계약 협상이 중간중간 난항일 때마다 이 회장은 "본인이 원하는 대로 다 해 줘라. 책임은 내가 진다"면서 독려했다. 게다가 승수에 따라 옵션이 붙고 가족의 경제기반 구축, 스태프 지원 등 실무 차원의 아이디어까지 제시했다.

삼성은 '삼성'이란 브랜드를 본격적으로 키우기 위해 조직 및 체제 정비도 함께 진행했다. 1999년에는 삼성전자 내에 브랜드 관리를 전담하는 '글로벌마케팅실'을 신설하고, 하버드 출신 전문가인 김병국 부사장을 책임자로 영입했다. 또한 전 세계 50여 개에 달하던 광고대행사를 하나로 통합하고 광고 슬로건도 하나로 통일했으며 브랜드 광고를 본격적으로 추진하기 시작했다.

체계적인 브랜드 전략 하에 올림픽 마케팅, 스포츠 스타 마케팅 등의 성공을 통해 2003년 세계에서 브랜드 가치 상승률(31퍼센트)이 가장 높은 기업으로 성장했다.

기업 브랜드 인지도 조사로 유명한 인터브랜드의 평가에 따르면 삼성이 단기간에 브랜드 가치를 성장시킬 수 있었던 비결은 최고경영층이 일찍부터 브랜드에 대해 눈을 뜨고 강력하게 드라이브를 걸었기 때문이라고 한다. 삼성 브랜드에 대한 지역 간 편차가 아직은 심한 편이지만, 점차 세계 곳곳에 고르게 확산된다면 초일류 브랜드로 성장할 날도 멀지 않았다는 것이다.

실적보다 미래 결실 위한 인재 키우기 | 스포츠 인재론 |

지난 1978년 제일모직 여자탁구단 창단 때 이 회장(당시 부회장)은 "10년 안에 중국을 꺾으려면 지금부터 자질 있는 어린 우수 선수를 찾아야 한다"며 '천재 키우기'를 강조했다.

그 무렵 제일모직 탁구단 감독을 지낸 박성인 삼성스포츠단 부사장은 전국을 돌아다니며 꿈나무를 찾고 있었다. 그때 전북 이리(현재 익산)에서 발견한 선수가 당시 여중 2년생이던 양영자 선수였다. 양 선수가 1983년에 도쿄 세계선수권대회에서 2위를 차지했는데, 직접 도쿄에 가서 경기를 본 이 회장은 "세계 정상이 되기 위해선 유럽의 힘과 중국의 속공을 통합한 제5의 전형이 필요하겠다"면서 셰이크핸드와 팬홀더를 합한 라켓을 제시했다. 그 라켓을 들고 훈련한 양 선수는 꼭 10년 만인 88올림픽에서 금메달을 따냈다.

1980년대 중반 이 회장은 대한레슬링협회장을 맡자마자 과감히 외부 수혈을 감행, "헝가리의 챠바 헤게뒤시를 코치로 영입하라"고 지시했다. 그는 교통사고로 거의 죽음의 문턱까지 갔다가 1년 반 만에 재활에 성공한 뒤 6번에 걸쳐 유럽 챔피언을 지낸 헝가리의 전설적인 영웅이다.

이 회장이 협회장이 된 뒤 경기력 향상을 위해 헝가리 등지에서 전지 훈련이 시작됐고, 헤게뒤시를 시작으로 일본과 러시아의 일류 코치들을 영입했다.

이 회장은 평소 스포츠 인재들과 인간적으로 친하게 지내는 것으로 알려져 있다. 1980년대 중반께 회장은 유럽 출장을 갈 때면 아무리 시골이라도 유능한 선수가 있으면 꼭 찾아가 만났다. 그때 일정을 강행해 가며 만난 사람이 크림케, 쇼케뮐러 같은 승마 선수들이었다.

올림픽 5관왕의 크림케는 지금은 고인이 됐지만 88올림픽 때 자기의 애마를 한국 선수에게 빌려 주기도 했다. 쇼케뮐러는 이 회장과의 인연으로 2년 반 동안 한국 선수를 독일로 불러 전지 훈련시켜 2003년 6월 한국이 자력으로 올림픽 승마 첫 출전권을 딸 수 있도록 도와줬다. 이 회장이 멀리까지 찾아가며 장기간 교류해 온 인물들이 10여 년 뒤에 한국의 위상 제고에 기여했으니 이 회장의 폭넓은 인간관계가 한몫한 셈이다.

그러나 스포츠에서의 인재 확보는 기업경영의 그것과 다르다. 이 회장은 기업에선 외국인도 주전 선수로 기용하지만, 스포츠에선 외국인은 감독·코치 등 기술 전수 역할에 한정했다. 1987년 이 회장은 안양 승마장으로 선수들을 찾아가 "금메달을 원했다면 세계 일류 선수를 돈으로 사서 귀화시켰을 것입니다. 그렇게 메달을 따는 것보다 저는 여러분이 우리나라에 선진 승마문화, 인프라를 확산하는 역할을 했으면 합니다"라고 말했다. 그 말 속에서 당장 눈앞의 실적인 금메달보다는 미래 결실인 승마문화 확산을 위한 인재 키우기에 중점을 둔다는 그의 신념을 읽을 수 있다.

세계 1등 제품 키우기

제품과 서비스의 월드베스트 전략

미래 메모리 사업의 차별화 전략

2001년 8월 초 일본 도쿄에 머물고 있던 이건희 회장은 황창규 삼성전자 메모리사업부 총괄사장을 급히 현지로 불렀다. 그때 이 회장은 몇몇 삼성 임원진들과 여름 휴가를 겸해 출장 중이었다.

황 사장이 호텔에 도착했다는 보고를 받은 이 회장은 수행 비서에게 호텔 옆 음식점으로 자리를 옮기라고 지시했다. 이 회장 일행은 오쿠라 호텔을 빠져나와 인근 샤브샤브 음식점 '자쿠로'에 자리잡았다. 삼성 수뇌부의 '자쿠로 회동' 안건은 반도체의 미래전략을 어떻게 진행해 갈 것인지를 결정하는 데 초점이 맞춰졌다. 좀더 구체적으로는 낸드(NAND) 플래시 메모리(저장용 메모리)와 관련한 도시바의 제의를 수용할 것인지, 또 기존 D램과 S램 반도체의 질 향상을 위해 어떤 전략을 수립해야 할지를 모색하는 아주 은밀한 회동이었다. 그래서 다들 이날 회의의 보안 유지를 생명처럼 여겼다.

당시 일본 반도체 업계는 혹독한 불황으로 구조조정을 추진하면서 삼성전자에 구애의 손길을 보낸 상황이었다. 도시바는 2001년 6월 D램사업을 정리하면서 낸드 플래시 메모리사업에 승부수를 걸고 삼성 측에 극비의 제안을 했다. 낸드 플래시 메모리 기술과 관련해 원천 기술 특허를 보유하고 있는 도시바는 삼성전자와 기술 및 자본 협력을 포함한 광범위한 제휴를 추진키로 한 것이다.

당시 낸드 플래시 메모리 시장점유율은 도시바가 45퍼센트로 단연 선두를 달렸으며 삼성전자는 26퍼센트로 2위였다. 도시바가 삼성전자와 제휴를 추진한 것은 삼성전자의 막대한 현금 유동성을 활용하는 동시에 복병 삼성전자를 자기 페이스로 끌어들여 미래 경쟁자를 사전에 통제하겠다는 두 가지 포석이 깔려 있었다.

삼성 핵심 수뇌부의 '자쿠로 회동'은 도시바의 울타리 안으로 들어가느냐, 아니면 독자적으로 시장을 개척해 도시바의 벽을 뛰어넘을 것이냐를 결정하는 자리였다. 이 회장은 도시바의 제의 내용을 놓고 두 달 동안 고심에 고심을 거듭해 온 터였다. 먼저 이 회장이 황 사장에게 질문을 던졌다.

"황 사장, 도시바 제의를 어떻게 생각해요?"

"낸드 플래시는 우리 회사가 수종사업으로 키워 온 핵심 프로젝트입니다. 도시바 제의를 신중히 검토했습니다만, 독자적으로 추진하는 것이 바람직하다고 봅니다."

"경쟁사에 비해 코스트나 기술 수준이 어떻습니까?"

"지금은 조금 뒤지지만 수년 안에 따라잡을 수 있습니다."

"도시바의 견제에 대한 대책은 수립됐습니까?"

"나름대로 방안이 있습니다. 추후에 자세하게 보고드리겠습니다."

"도시바가 기분 나쁘지 않게 정중하게 거절하고 우리 페이스대로 나갑시다."

삼성전자를 끌어들여 낸드 플래시 메모리 시장을 독점하겠다는 도시바의 제의가 무산되는 순간이었다.

삼성전자 경영진에서는 도시바와 합작하는 경우와 독자사업으로 추진할 경우의 장·단점 등 두 가지 안건을 이 회장에게 보고했다. 이 회장은 고민 끝에 일본으로 날아가 도시바의 제의 배경에 대한 정보를 직접 수집, 독자적으로 사업을 추진하는 것이 바람직하다는 잠정 결론을 내리고 사업부서장인 황 사장을 직접 불러 최종적으로 그의 의견을 들어본 것이었다.

황 사장은 이 회장이 여러 경로를 통해 도시바의 제의 내용을 파악한 사실을 알고 있었다. 그는 회장의 결단이 없었다면 낸드 플래시 메모리사업은 도시바의 그늘에 가려 몇 년은 후퇴했을 것이라고

삼성의 세계 1등 제품

회사	제품명	점유율(%)	
		2001	2002
전자(7)	D램(금액 기준)	29.3	32.0
	S램(금액 기준)	24.6	30.1
	모니터	21.5	21.3
	TFT-LCD	21.1	18.2
	CDMA 휴대폰	24.7	23.8
	전자레인지	23.2	22.6
	VCR	19.9	24.8
SDI	컬러브라운관(CPT+CDT)	22.3	24.2
전기(5)	DY(브라운관 부품소재 편향코일)	14.6	17.6
	FBT(모니터용 고압변성기)	14.7	18.3
	튜너	20.8	22.6
	FDD(플로피디스크드라이브)	10.7	10.1
	VCR용 부품(Drum+Head)	13.3	17.4
코닝(2)	STN ITO Coated Glass(LCD용 유리)	44.0	49.0
	RT 세라믹(전기신호를 영상으로 바꾸는 장치에 사용되는 소재)	45.0	45.0
정밀유리	TFT-LCD용 유리 기판	27.2	27.9
정밀화학	DMF(폴리우레탄 원료)	20.7	20.2
모직	모니터용 합성수지	37.0	40.8
계	총 18개 품목		

• 2002년 삼성그룹 총 매출액 중 세계 1등 제품 구성비 24.5%

말했다.

삼성전자의 낸드 플래시 메모리 시장점유율은 2000년 26퍼센트에서 2001년 28퍼센트로 늘어난 뒤 2002년에는 58퍼센트로 급등했다. 반면 도시바는 같은 기간 45퍼센트에서 32퍼센트(2001년), 35퍼센트(2002년)로 점유율이 급격히 낮아졌다. 황 사장은 낸드 플래시 메모리가 2003년 시장점유율 65퍼센트를 차지해 명실상부한 월드베스트 제품으로 등극할 것으로 자신하고 있다.

이 회장은 그동안 메모리사업의 미래에 대해 고민하면서 차별화 전략을 강조해 왔다. 그는 1997년 초 전자 관련 사장단 모임에서 이렇게 말했다.

"우리 반도체가 10년 후 뭘 먹고살 것인지 진지하게 고민해 봐야 합니다. 시장이 불확실한 일반 D램 비중은 줄이고 차별화된 상품으로 승부하지 않으면 사업성을 확보할 수 없습니다. 양보다는 질로 승부할 수 있어야 합니다."

이후 삼성전자는 이 회장의 지시로 메모리사업 차별화와 비메모리 강화 등 두 가지 축에서 수종사업을 발굴해 왔다. 이런 노력은 2000년대 들어서면서 결실로 나타나기 시작했다. 2002년 메모리사업 총 매출액은 71억 달러로 이 가운데 65퍼센트 가량이 일반 D램이 아닌 낸드 플래시 메모리나 모바일용 메모리 등 고부가가치 틈새 제품들이었다.

월드베스트 전략, 신경영의 핵심

이 회장은 반도체뿐 아니라 삼성이 생산하는 다른 제품들도 월드베스트가 돼야 생존할 수 있다고 역설해 왔다. 사실 신경영의 핵심은 다름 아닌 제품과 서비스의 월드베스트라고 해도 과언이 아니다. 이미 지난 1993년 신경영 추진 당시 해외 매장에서 삼성 제품의 현주소를 확인한 이 회장은 1등 제품만이 살아남을 수 있다는 각오로 월드베스트 전략을 마련할 것을 지시했었다.

각 분야에서 1등을 할 수 있는 제품이 아니면 경쟁에서 이길 수 없다는 이 회장의 철학에 따라 사업부별로 한 개의 명품을 만드는 작업에 착수했다. 선진 제품 비교전시도 그래서 시작됐다. 선정된 제품에 대한 기술 로드맵 작성, 선진업체 벤치마킹, 기술격차를 극복하기 위한 연구·개발 투자전략 등은 기본이었다. 비서실 감사팀(현 경영진단팀)에서는 매년, 분기마다 로드맵 달성 여부를 체크하면서 연말 사장단 평가 자료로 활용하고 있다.

삼성이 월드베스트 전략을 의욕적으로 추진한 것은 1992년 메모리 반도체 업계에서 삼성전자가 20퍼센트 안팎의 점유율로 세계 1위를 달성하면서 자신감을 가졌기 때문이다. 1993년 초 호텔신라에서 열린 자축연은 다른 사업부 임직원에게까지 자신감을 불어넣었다.

제일모직이 월드베스트로 키운 양복지 '란스미어'도 당시 화제를 불러일으켰다. 이 회사는 1994년에 양모 1그램으로 130미터의 실을 뽑은 '란스미어 130'을 개발했는데 이 회장은 이 양복지로 직접 양복을 해 입었으며 잭 웰치 제너럴일렉트릭(GE) 회장 등 주요 인사에게 선물로 전달하기도 했다. 당시 김영삼 대통령을 비롯한 3부 요인에게 시제품을 전달했으나 김 전 대통령은 이를 받지 않았던 것으로 알려졌다.

이 회장은 당시 제일모직 경영진에게 "해외 양복 명가에 납품을 추진하라"고 지시했다. 영국 해롯 백화점을 비롯해 이탈리아·미국 등 선진 백화점에서 대대적인 전시회도 가졌다.

2002년 말 기준 삼성 계열사가 생산하고 있는 제품 가운데 월드베스트 제품은 D램, S램 등 모두 18개 제품에 달한다. 삼성은 향후 5년 내 30여 품목으로 확대할 계획이다.

삼성전자는 비메모리 쪽의 다양한 IC회로, GSM 휴대폰, 프린터 등 10여 가지 제품을 월드베스트로 육성 중이며 삼성전기는 MLCC, 기판, 광픽업 제품 등 3개 제품을 5년 내 월드베스트로 키우기 위한 로드맵을 작성, 실천에 들어갔다.

삼성전자 시스템LSI 부서에서도 홈, 모바일 플랫폼에 적용되는 SoC(System on Chip) 분야에서 세계 1등 제품을 육성하기 위한 플랜이 마련돼 관련 분야의 핵심 인력을 대폭 보강하고 있다.

한편, 삼성전기에서는 수십 가지 부품사업을 핵심사업과 수종사업, 유지사업으로 세분화해 3개 핵심 사업과 6개 수종사업에 경영자원을 집중하고 있다.

삼성 신경영의 이모저모

사회여론을 자발적으로 선도하라 | 이건희 회장의 홍보철학 |

비서팀에 걸려 오는 이 회장의 전화통화 내용은 모두 녹음된다. 이 회장의 전화 지시를 녹음하기 시작한 것은 지난 1993년부터였다. 당시 이 회장은 신경영을 선포, 추진하면서 "앞으로 내가 지시하는 모든 것은 녹음하라"고 말했다. 이는 개혁을 '한 방향'으로 일사불란하게 추진하겠다는 이 회장 특유의 '홍보철학'에서 비롯된 것이다.

그는 1987년 회장 취임 후 강조했던 변화와 개혁이 제대로 추진되지 않은 것은 조직 내 커뮤니케이션에 문제가 있기 때문이라고 판단했다. 그러면서 "손가락으로 달을 가리켜 달을 보라고 했지만 달은 쳐다보지 않고 손가락만 쳐다본다"고 수차례 임직원을 질타했다.

홍보 개념은 '사내 공감대 형성'과 '전 간부의 홍보요원화'로 요약할 수 있다.

1994년 신임 임원교육에서 이 회장은 사내 커뮤니케이션의 중요성을 강조하며 "회장 지시가 12시간 이내에 과장급까지 전달되고 현장의 목소리가 24시간 이내 회장까지 전달되도록 내부 커뮤니케이션 시스템을 구축해야 한다"고 말했다.

이후 삼성은 사내 통신망인 '싱글'을 구축한 데 이어 최근에는 외부에서 인터넷으로 접속이 가능한 개정판 싱글인 '마이 싱글'로 한 단계 업그레이드시켰다.

또한 이 회장은 삼성 경영진에게 "맡은 분야에서 자기 이익만이 아닌 국가 전체의 이익을 내는 방안을 생각하고 사회 여론을 자발적으로 선도하라"고 주문해 왔다.

최근 '이공계 육성', '천재 육성', '여성인력 육성', '2만 달러 돌파' 등 사회적 이슈는 그의 우국충정에서 창출된 것이며 여론의 높은 호응을 받았다. 홍보가 기업 생사 여탈권을 쥐고 있다고 주장하는 이 회장은 커뮤니케이션의 중요성을 강조하고 그룹과 관련된 기사 한 줄도 그냥 흘려 보내지 않고 내용을 파악할 만큼 여론을 중시하는 경영 원칙을 갖고 있다.

이순동 구조조정본부 부사장(홍보팀장)은 "기업은 고객을 포함한 공중의 신뢰와 사랑을 받지 못하면 존립할 수 없다는 것이 그의 확고한 철학"이라며 "사실 올림픽 파트너 체결 등 굵직굵직한 홍보 프로젝트에는 이 회장의 그런 홍보철학이 반영돼 있다"고 설명했다.

4부
기업경영의 핵심은 인재다

미래 사업의 열쇠는 사람

핵심 인력 확보

슈퍼급 인력 확보에 나선 사장들

삼성전자 김인수 인사팀장은 2003년 9월 초 회사 전용기를 타고 미국 출장길에 올랐다. 8개월간 공들여 온 슈퍼급 핵심 인력 한 명을 데려오기 위해서였다. 그는 삼성전자 윤종용 부회장을 비롯해 이윤우 반도체부문 총괄사장 등이 4차례에 걸쳐 정밀 면접을 실시했을 정도로 비중 있는 인물이었다. 인재 한 명을 데려오기 위해 자가용 비행기를 띄우는 것은 삼성이 핵심 인력 확보에 얼마나 적극적으로 움직이고 있는지를 단적으로 보여주는 사례다.

이 회장은 2002년부터 매월 빠지지 않고 계열사별로 '월별 핵심 인력 확보 실적'을 챙기고 있다. 구조조정본부 인력팀에서 계열사의 핵심 인력 확보 진척도를 이 회장에게 보고하면 이 회장은 실적이 부진한 사장들이나 인사팀장들을 직접 독려하기도 한다.

노인식 구조조정본부 인력팀장이나 김인수 삼성전자 인사팀장 등 삼성 계열사 인사팀장들의 양복 안주머니에는 핵심 인력 목표와 현황을 적은 보고서가 항상 준비돼 있다. 이 회장이 2002년부터 핵심 인력 확보에 대해 부쩍 강조하고 나선 것은 반도체 이후 삼성의 수종사업을 찾기 위한 고민 끝에 내린 결론이기 때문이다. 핵심 인력을 통해 미래 수종사업의 열쇠를 마련하겠다는 복안인 것이다.

2002년 5월 용인에서 열린 전자 사장단 회의에서 이 회장은 핵심 인력 확보를 강조하며 이렇게 말했다.

"앞으로 나 자신의 업무 절반 이상을 핵심 인력 확보에 둘 겁니다. 핵심 인재를 몇 명이나 뽑았고 이를 뽑기 위해 사장이 얼마나 챙기고 있으며 확보한 핵심 인재를 성장시키는 데 얼마나 노력하고 있는지를 사장 평가항목에 반영하도록 하세요."

삼성구조조정본부는 2002년부터 연말 사장단 업적 평가에 계열사별 핵심 인력 확보 달성률을 반영하고 있다. 100점 만점에 30점이 핵심 인력 확보 달성률이다. 구조조정본부 인력팀 성인희 상무는 "앞으로 핵심 인력 확보 달성률이 사장단 평가에서 더욱 높은 비중을 차지할 것"이라고 전망하고 "2002년 몇몇 CEO가 실적을 달성하지 못해 경고를 받은 것으로 알고 있다"고 귀띔했다. 최근에 계열사 CEO들은 핵심 인력을 위해 '목숨을 걸었다'는 표현을 서슴지 않을 정도로 인재 확보에 발벗고 나서고 있다.

실제로 김인 삼성SDS 사장은 미국 최정상급 SCM 솔루션 기업에 근무 중인 Y씨를 스카우트하기 위해 그의 집까지 찾아가는 정성을 기울이기도 했다. 김 사장은 Y씨 부부를 한국에 초청, 수차례 저녁 식사에 초대하면서 입사를 거듭 요청했다. 한국 근무에 부정적이있던 Y씨의 아내는 김 사장의 지극 정성에 감탄했고, 마침내 머뭇거리던 남편 Y씨의 마음을 돌려 놓았다.

지난 2001년 9월 이현봉 당시 삼성전자 인사팀장(현 삼성전자 국내영업부문 사장)은 미국 I사의 핵심 인재인 S씨를 만나기 위해 미국 출장을 갔으나 때마침 발생한 9·11테러로 약속 날짜인 9월 12일에 모든 국내선이 결항돼 미팅이 취소될 위기에 처했다. 이 팀장은 약속을 하루 늦추고 새너제이에서 포틀랜드까지 13시간 동안 자동차로 달려갔다. S씨는 자신과의 1시간 만남을 위해 왕복 26시간을 달려온 이 팀장의 정성에 감동해 기존의 부정적 태도를 바꿔 삼성전자에 입사했다.

핵심 인력을 제대로 확보하지 못해 회장으로부터 질책을 받은 CEO들은 한둘이 아니다. 삼성 계열사의 K사장은 2002년 5월 경부고속도로 상행선 기흥 부근에서 이 회장의 전화를 받았다. K사장은 갓길에 차를 세우고 이 회장과 1시간 30분 동안 통화했다. 이 회장은 통화에서 "반도체는 두뇌, 디스플레이는 눈, 배터리는 심장에 해당한다. 배터리사업은 그만큼 중요하다. 배터리사업을 업그레이드시킬 대안을 마련했는가"라며 배터리사업 추진 현황을 확인했다. K사장은 이 회장이 배터리 부문에 특별한 관심을 쏟고 있다는 사실을 오래 전부터 알고 있었다. 이 회장은 부회장 시절인 1980년대 중반 연료전지의 중요성을 간파하고 일본의 S사 제품을 들여다가 직접 분해하기도 했었다. 다시 이 회장의 지적이 이어졌다.

"배터리는 내가 관장하는 사업이다. 기술을 업그레이드시키기 위해 대기술, 중기술, 소기술 세 가지로 분류해 각각의 단계에서 필요한 핵심 인력을 데려와라. 경쟁업체들의 신경을 자극해서는 절대 안 된다. 사장이 직접 나서라."

이 회장은 통화 말미에 핵심 인력 확보에 대한 자신의 강조점을 다른 사장단에게도 전파하라고 지시했다. K사장은 이 회장과의 통화 직후 서울로 돌아오자마자 긴급 임원회의를 소집했다. TF를 구성해 핵심 인력 확보를 위한 로드맵을 10여 일에 걸쳐 작성했으며 구조조정본부에 이 회장의 지시 사항을 전달했다.

K사장은 2002년 5월 중순 용인에서 열린 사장단 회의에서 이 회장의 인재철학과 이를 제대로 수용하지 못한 자신의 실패 사례를 발표하면서 반면교사로 삼도록 했다. 과거 20여 년 동안 비서실에서 이 회장을 보필했던 K사장의 자기반성은 다른 사장들에게 큰 교훈이 됐다.

한편, 삼성전자 관계사의 한 사장이 일본 본사에 기술자를 구해달라고 요청했다는 보고를 접한 이 회장은 그에게도 다음과 같은 말을 전했다.

"자기 장가가는데 남보고 색시 구해달라는 격이다. 사장이 직접 나서서 구체적으로 필요한 분야의 기술자를 구해야 한다. 이제는 기술 중에서도 소프트 기술 싸움인데 당신은 소프트가 무언지도 모르고 있다."

해외 인재 유치의 걸림돌

핵심 인력 확보뿐 아니라 채용한 인력에 대한 관리 및 지원에도 이 회장의 관심이 이어지고 있다.

"사장이 S급(슈퍼급) 인력 확보에 나서지 않고 인사부서에서 확보해 놓은 사람을 슈퍼급이라고 하는데 이것은 엉터리다. 더 나쁜 것은 이미 확보한 S급, A급 인력을 내보내는 것이다. 핵심 인력을 내보내는 것은 정말 나쁘다. 20명을 확보하는 것보다 10명을 내보내는 것이 더 나쁘다."

삼성전자는 스카우트한 핵심 인력들이 착근에 성공할 수 있도록 여러 가지 지원책을 내놓았다. 채용 대상자가 입사하면 채용 과정에서 접촉해 온 실무자를 일정 기간 해당 조직에 함께 배치하도록 하는 것이다. 핵심 인력이 회사에 적응할 수 있도록 전천후 지원을 하기 위한 조치다.

외국인을 위한 도움전담 조직인 '콜센터'도 운영하고 있다. 전담 인력이 24시간 대기하면서 본인은 물론 가족들의 불편사항을 해결해 준다. 병원·주택·자녀 학교·비자 등과 관련된 문제를 해결해 주는 것이 그들의 주요 업무다. 기흥과 수원 공장의 식당에는 인도·러시아·중국 등 외국인을 위한 전용 식당도 마련됐다. 외국인 핵심 인력 자제들의 교육문제를 원천적으로 해결해 주기 위해 외국인고등학교 설립도 검토 중이다.

임형규 삼성전자 시스템LSI 사장의 경우 2002년 핵심 인력을 뽑기 위해 17번이나 해외 출장을 다녀왔으며 삼성이 뽑아야 할 핵심 인력 5만여 명을 데이터베이스화해 주기적으로 인사팀과 접촉하고 있다. 선발된 핵심 인력의 유출은 100을 기준으로 할 때 1, 2명 꼴에 불과하다. 인재 확보는 선대 회장부터 내려오는 삼성의 일관된 경영 철학이지만 이 회장은 이를 한 단계 발전시키고 있다는 평가를 받고 있다. 그는 아들 이재용 상무에게도 핵심 인력 확보에 대한 중요성을 강조함으로써 후계자 교육의 제1 덕목으로 삼고 있다.

이 회장은 유비가 제갈량과 손잡으려 세 번이나 집을 찾아가 협조를 간청했다는 내용의 수묵화 '삼고초려도'를 이 상무에게 주었고, 이 상무는 이 수묵화를 자신의 사무실에 걸어두고 있다. 매일의 생활 속에서 핵심 인력의 중요성을 느끼라는 특별한 배려가 엿보인다.

한편, 우리 기업들의 해외 우수 인력 유치는 '3,000미터 장애물 경주'라고 표현될 만큼 넘어야 할 장애물이 한두 가지가 아니다. 해외 우수 인력을 설득해 데려오고 정착을 위해 전폭적인 지원을 하는 것은 기업들의 몫이지만, 세금 등의 문제는 불필요한 장애물이라는 게 기업인들의 한결 같은 지적이다.

현재 외국인 기술인력은 조세감면규제법에 의해 국내 입국 후 5년간 발생하는 (근로)소득에 대해서는 과세를 하지 않고 있다. 그러나 이 제도는 2003년까지 입사하는 사람에 한정해 적용된다. 조세감면 혜택이 2003년을 끝으로 종료되면 연봉의 30퍼센트 가량이 추가되는 부담이 생긴다. 연봉 1억 원의 가치가 있는 핵심 인력을 데려오려면 기업에서는 1억 3,000만 원을 줘야 한다는 뜻이다.

국내외 우수 인력의 연구비 지원, 사기진작 등을 위해 공익재단에서 주고 있는 각종 상에도 세금의 뒷다리 잡기는 여전하다. 외국에 거주하는 우수 인재에게 1억 원의 상금이 주어지면 2,750만 원은 세금으로 빠져나간다. 대한민국과학기술상 등 정부에서 시행하는 상에 대해서는 면세하는 반면 공익재단의 상에는 세금이 붙는다. 노벨상, 재팬프라이즈 등 외국의 공익재단에서 주는 상에는 세금이 붙지 않는 것과 대조적이다.

재경부 관계자는 "외국인 기술인력에 대한 조세감면 기간 연장은 외국인 투자를 유치하는 정책 목표에 맞게 상식선에서 결정될 것"이라며 기간 연장을 시사한 반면, 공익재단의 상금 문제에 대해서는 언급을 피했다.

국가 차원의 인프라 미비도 외국인 핵심 인력 유치를 가로막는 장애물이다. 정부는 지방 균형 발전을 외치지만 정작 지방으로 외국 핵심 인력을 데려오려고 해도 생활기반 시설은 고사하고 변변한 학교마저 없는 실정이다. 정부가 전폭적으로 지원하고 있는 경제자유

구역 정도가 고작이다. 최근 교육인적자원부에서 국제 학교 설립에 대해 긍정적인 반응을 보이고 있는 것은 고무적인 일이다.

이와 관련해 현재 싱가포르 정부가 벌이고 있는 '맨파워 21전략'은 시사하는 바가 크다. 싱가포르는 해외 유수 대학 비즈니스 스쿨을 유치, 고급 인력이 자연스럽게 싱가포르로 오게 하고 있다. 유치된 대학은 필히 세계 유수 기업들의 아시아본부 등 기업과 연계해 실제 경제활동에 참여하는 프로젝트를 병행하도록 하고 있다. 이는 핵심 인력이 학업이 끝난 이후에도 싱가포르를 떠나지 않게 하려는 의도를 반영하는 것이다.

지식산업에는 고급인력 유치가 사업 성패의 중요한 관건이 되며, 싱가포르는 자국의 인구만으로는 인력이 부족하기 때문에 세계 우수 인재들을 학생 때부터 유치하는 것이다.

그런 면에서 볼 때 기업의 해외 핵심 인력 유치는 국가적 차원에서 지원이 뒤따라야 하는 사안이 아닐 수 없다.

여성인력을 과감히 수용하라

여성 인재 육성 및 활용

여성인력 활용 못하면 국가적 낭비

2002년도 경찰대 졸업식장에서는 1~3등이 모두 여성 졸업자에게 돌아가면서 대통령상, 국무총리상, 행정자치부 장관상을 휩쓰는 일대 파란이 일어났다. 경찰 세계는 곧 남자의 무대라는 통념이 송두리째 깨진 사건으로 경찰대에 여학생 입학이 허용된 1989년 이래 처음 있는 일이었다. 게다가 신입생 120명의 10퍼센트 비율인 12명의 여학생을 매년 뽑는데 그해 졸업반을 제외한 1~3학년도 모두 여학생이 수석을 차지했다. 경찰대 졸업식이 있은 뒤 보름쯤 지난 4월 초순 이학수 삼성 구조조정본부장과 노인식 부사장(인력팀장)이 업무보고를 위해 한남동 승지원을 찾았다. 이 회장은 보고를 쭉 경청하다 갑자기 여성인력 문제를 끄집어냈다.

"여성인력에 대해서는 정말로 신중히 연구 검토해야 합니다. 신경영을 선언하기 전부터 여성들을 많이 뽑으라 했는데…. 이미도 분위기가 제대로 안 돌아가니 나가버리고, 출산 때문에 나가고 하는 바람에 제대로 정착이 안 됐을 겁니다. 국가적으로 큰 낭비라고 생각해요. 이번에 보니 경찰대 졸업생 중에서 1~3위가 여자였습니다. 사격을 포함해 1~3위의 종합성적을 거뒀으니 옛날 여자들이 아닙니다. 출산하는 것 빼고는 남자와 똑같지 않습니까?"

사실 이 회장의 특별지시가 있은 뒤 실무진은 여성인력의 수급 현황을 파악, 신규 채용 인력 가운데 20퍼센트 이상을 여성으로 뽑고 육아시설도 더 늘리는 등 서둘러 제도적인 지원책을 마련했다.

그러나 20퍼센트로는 성에 차지 않았던 이 회장은 비서팀을 통해 여성인력을 30퍼센트 뽑으라는 강력한 메시지를 전달했다. 구조조정본부와 각 계열사 인사팀은 적잖이 당황했다. 대졸 신규 채용 인력 가운데 매년 15퍼센트 안팎 수준에 머물던 여성인력 비중을 30퍼센트 수준으로 급격히 올릴 수 있을 만큼 여성 자원이 있을지부터가 의문이었다. 조선 같은 이른바 하드한 분야에까지 여성인력을 과감히 뽑으라는 이 회장의 지시에 따라 계열사 자체적으로 관리하던 여성인력 비중을 구조조정본부 인력팀에서 실시간으로 체크해 들어갔다. 구조조정본부와 경제연구소에서는 여성인력 활용 실행안을 만들기 위해 TF를 조직해 IBM·GE·딜로이트·코닝·HP 등 선진기업을 벤치마킹, 「그룹 여성인력 현황 및 활용도 향상 방안」이란 보고서를 작성해 보고하기도 했다.

그러나 문제는 여성인력의 저활용이었다. 많은 대졸 여성인력이 아직도 조직에 잘 적응하지 못하고 간부가 되더라도 비전 설계나 경력 개발이 요원한 실정이었다. 삼성 안에서 여성인력 문제가 이슈화한 것은 사실 이 회장이 취임한 1980년대 말부터였다. 당시엔 저활용이 문제가 아니라 아예 활용할 여성이 없는 것이 문제였다. 이 회장은 취임 초기부터 선대 회장 때와는 달리 여성인력을 뽑으라고 채근했다. 그러나 현업에서는 아무도 대졸 여자 사원을 받으려고 하지 않았다. 비서실 인사팀이 완전히 샌드위치가 되는 꼴이었다.

1990년쯤 이 회장은 자신이 지시한 사항에 진척이 없다는 걸 알고

신경영 첫해인 1993년 여성 전문인력 채용을 위해 취업설명회를 개최하자 1만 5,000명의 여대생들이 몰려들어 호황을 이뤘다. 삼성은 그해 여성 전문직 공채로 500명을 선발해 좋은 반응을 얻었다.

는 비서실 인사팀장을 불러 여성인력을 뽑아야 하는 세 가지 이유를 조목조목 설명했다. 첫째, 남성에게는 없는 여성의 감수성이 보완돼야 세계 경쟁에 뛰어들 수 있다는 점, 둘째, 사회적인 편견을 무릅쓰고 활용할 우수 여성인력이 많다는 점, 셋째, 여성 노동력이 첨부돼야 국가가 경쟁력을 가진다는 점이었다.

이후 여성인력에 대해 이 회장의 관심과 철학이 구체화하기 시작한 것은 신경영 선언 무렵, 강력한 여성인력 활용 드라이브를 건 이후였다. 삼성은 1994년 학력, 성별 철폐를 골자로 하는 '열린 인사 개혁안'을 내놓았다. 이 개혁안은 채용 때 성차별을 완전히 없앴을 뿐만 아니라 월급체계도 남녀 똑같이 만든 것을 골자로 하는데 그 당시로서는 획기적인 제도였다. 같은 직급에서 남자의 70~80퍼센트를 받던 여자들의 임금 수준이 한꺼번에 올라가면서 인건비 상승률이 수십 퍼센트에 이르렀다.

삼성그룹에서 1992년에 비서·디자이너 등 여성 전문직 공채, 1993년에 여성 대졸 공채를 실시하자 취업의 기회를 잡기 어려웠던 여성들이 구름처럼 몰려들었고 반응도 꽤 좋았다. 비서실 인사팀에서는 이 정도면 회장의 의중을 어느 정도는 반영했다고 생각해 회의 석상에서 회장에게 채용 열기를 보고했다. 그러나 이 회장은 칭찬은커녕 도리어 질책을 했다. "더 파격적인 안을 만들어라. 좀 손해를 보더라도 우리가 먼저 나서야 한다"는 지적이었다.

열린 인사 개혁안은 수백억 원의 인건비가 한순간에 날아가는 제도다 보니 계열사의 볼멘소리가 만만찮았지만 일단 실행에 옮겼다. 뽑아 놓기는 했지만 여성인력의 배치 등 안착이 힘들었다. 1996년에 그룹 차원에서 '여성인력 활용 TF'가 구성된 것도 이 때문이다. TF는 초기 정착 단계에서 여성을 구매·인사·감사 등 이른바 '갑'의 위치에 있는 직무 쪽 배치나 성과가 숫자로 평가될 수 있는 직무에 투입할 것을 권고했다. 당시 성희롱·드레스코드 문제를 제기, 국내에서 이슈화하기도 했다.

여성의 경제활동 참여는 시대적 요구

그렇다면 지난 10여 년간 여성관련 제도 도입 등 비교적 좋은 평가를 받고 있음에도 불구하고 2002년 이 회장이 다시 여성인력 정책에 강력한 드라이브를 건 이유는 뭘까. 최근 이 회장과 여성인력 활용 문제에 대해 논의한 이경숙 숙명여대 총장은 그 이유를 이렇게 설명한다.

"출산율이 낮아지고 고령화가 진행되면서 생산가능 인구가 줄어들어 장기적으로 인력부족, 구매력 저하 문제가 심각하게 대두되고 있습니다. 이 회장은 이 경우 전반적인 소비위축으로 경제가 활기를 잃게 되는데 이를 막기 위해서는 집안에 사장돼 있는 여성인력을 끌어내야 한다고 말씀하더군요. 3년 전 나온 매킨지의 우먼리포트를 보니 2010년까지 우리나라 고급 인력의 30퍼센트가 부족하다고 합니다. 준비된 고급 인력인 여성인력을 활용하지 않을 수 없습니다."

여성의 경제활동 참가는 가계 소득원을 둘로 늘려 임금 탄력성을 높이므로 기업에 좋고, 가계 소득을 늘려 소비 활성화에 기여하므로 국가적으로도 이득이라는 게 이 회장의 논리다. 여성인력 활용 드라이브가 한창이던 지난 1995년께 삼성 비서실 인사팀에서는 싱가포르 등 국민소득이 2만 달러가 넘는 나라에 대해 조사했다. 조사 결과 국민소득 2만 달러가 넘는 대다수 나라가 맞벌이 가구 비중이 높았으며 싱가포르의 경우 95퍼센트 가량이 맞벌이 가구인 것으로 나타났다. 이 회장은 이 조사를 통해 여성인력의 경제활동 참여 없이는 국민소득 2만 달러 목표 달성이 요원하다고 생각한 듯하다.

2003년에도 삼성 계열사 인사담당자들은 '어떻게 신규 채용 인력의 30퍼센트를 여성으로 채울까'를 놓고 심사숙고하고 있다. 특히 이공 계열의 인력 채용이 많은 삼성그룹으로선 전국 대학 이공 계열의 여학생 비율이 죄근 22퍼센트선까지 올라왔지만 여전히 모수 자체가 부족한 실정이다. 삼성전자에서는 신입이 안 된다면 경력으로라도 30퍼센트 이상 채용할 방침이다. 삼성은 2003년 여성인력을 채용인력의 30퍼센트에 해당하는 1,700여 명을 뽑았다. 삼성의 여성인력 활용 드라이브 정책이 사회·경제적으로 여성인력의 중요성을 재인식하는 계기를 마련하리라 기대되고 있다.

삼성은 글로벌 인재 육성의 장 | 인재의 멜팅포트 |

삼성이 인재의 멜팅포트(Melting Pot : 용광로)가 되고 있다. 인재라면 국적을 가리지 않고 채용, '삼성인'이라는 또다른 국적을 주는 글로벌 기업이라는 의미다. 30여 년 전 '일본인 고문'에서 시작된 글로벌 인재 영입으로 삼성은 현재 국내 사업장에만 일본인 220명, 러시아인 90명, 인도인 70명, 중국인 60명, 미국인 40명 선 등 줄잡아 500여 명이 다양한 국적을 갖고 있다. 최초의 글로벌 인력인 일본인 고문 영입을 위한 헤드헌터는 바로 이건희 회장이었다.

이 회장은 중앙일보 이사 시절부터 우수 일본인을 데려오기 위해 일본으로 직접 가서 '삼고초려'를 하고 집으로 불러 식사대접을 하며 인간적인 친밀도를 높였다. 당사자가 나라를 배신하는 것 같은 느낌을 갖지 않도록 하기 위해서였다. 1960년대 말 이 회장이 처음 데려온 사람은 마쓰우라 히데오라는 고문으로 일본 전자업계 통(通)이었다.

이 회장이 일본인 고문 영입에 직접 나선 것은 기술 흡수의 가장 빠른 길은 인재 확보라고 생각했기 때문이다. 국내에서조차 후발주자였던 삼성전자를 단시일 안에 일으키기 위해서는 우수 기술을 가진 글로벌 인재가 절실했던 것이다. 삼성은 당시 그에게 사장의 2, 3배가 넘는 월급을 줬을 뿐만 아니라 통역을 붙이고 아파트를 제공하고 가정부도 쓰게 하고 자료수집 비용까지 따로 제공했다. 요즘 슈퍼급 인력에 대한 대우에 버금가는 수준이었다.

그때까지만 해도 현업에서는 고급 인재 채용과 이용을 등한시했다. 이 회장은 '텃세'가 심해지자 각 계열사별로 연초에 고문 채용 계획을 사업계획에 포함, 목표관리를 시킬 정도로 강력한 의지를 전달했다.

1980년대 중반 미국 쪽 기술에 대한 수요가 높아지면서 삼성은 이른바 '미국 박사' 영입에 나섰다. 동시에 내부 인재를 유학 보내 박사로 육성, 글로벌 인재로 키웠다.

이 회장은 소련 붕괴 직후인 1990년대 초반 "일본, 미국의 1급 기술자는 연봉이 20만~50만 달러지만 인공위성을 쏘아올린 소련 기술자는 1,000달러만 주면 데려올 수 있다"며 기초과학 기술이 뛰어난 소련의 기술자들을 영입하라고 지시했다. 삼성전자는 즉각 '기술사업위원회'를 구성, 러시아 기술자 확보에 열을 올렸다.

이후 삼성의 외국인 핵심 인력 확보는 IT의 대국 인도와 이공계 인재의 보고인 중국 등 세계 각국으로 퍼졌다. 1995년 무렵부터는 중국·러시아·인도 등에 있는 일류 대학 상위 5퍼센트의 이공계 인력을 대상으로 아무런 조건 없이 학비를 주며 국적 불문의 글로벌 인재 확보에 공을 들이고 있다.

CEO는 전천후 인간이 되라

경영자 덕목과 슈퍼급 인재양성

CEO의 덕목 – 지행용훈평

2003년 6월 이건희 회장은 신경영 10주년의 성과를 기념하는 자리에서 "우리나라에 빌 게이츠 같은 천재가 한두 명만 있어도 경제 수준이 업그레이드되고 국가 발전의 원동력을 확보하게 될 것"이라며 '천재 육성 필수론'을 역설했다.

그가 말했던 나라 위한 천재 육성론에 대해 일각에선 천재보다 CEO 육성이 우선이 아니냐며 논쟁을 하기도 했으나 실제 삼성을 찬찬히 뜯어보면 중량감 느껴지는 CEO들이 곳곳에 포진해 있음을 발견할 수 있다.

삼성전자를 세계 3대 정보기술 IT 기업으로 이끈 윤종용 부회장, 삼성 구조조정의 사령탑인 이학수 구조조정본부장 등 하나같이 거물급 전문 경영인들이다. 이 회장이 꼽는 CEO의 덕목은 '지행용훈평(知行用訓評)', 즉 많이 알고, 직접 할 줄 알고, 시킬 줄 알고, 지도하고 평가할 줄 알아야 한다는 뜻이다.

첫 번째 덕목 지(知)를 보자. 실제 이 회장은 이공계 출신 CEO들에게는 문학과 철학을, 상경계 출신 CEO들에게는 기술을 전공자 못지않게 터득할 것을 요구하고 있다. 이는 한국과학기술원(KAIST)에 테크노경영대학원(Techno MBA)이 세워진 배경을 보면 잘 드러난다.

1994년 봄, 이 회장은 이우희 비서실 인사팀장(현 에스원 사장)에게 "경영자는 기술을 알아야 하고 기술자는 경영을 알아야 한다"며 방안을 강구할 것을 지시했다. 이 회장은 지시에 그치지 않고 당시 심상철 카이스트 원장을 찾아나섰다.

카이스트를 찾아간 이 회장은 정원의 반 이상을 삼성인으로 채우겠다며 테크노 MBA 과정이 꼭 설립돼야 할 프로그램임을 역설했다. 삼성은 이듬해 설립된 테크노경영대학원에 100명의 과장급 간부를 보내 차세대 리더 육성에 돌입했다.

정준명 일본삼성 사장은 "이 회장은 경영자가 전천후 인간이 되기를 원한다"고 말한다. 이 회장 표현대로 하면 CEO는 종합예술가다. 그 자신도 대학에서 경제학을 전공했지만 전자제품을 분해, 역조립할 정도로 전자기술에 대해 전문가적인 식견을 갖고 있는 것으로 유명하다. 이 회장이 '와세다대학 상학부 전자공학과 출신'으로 불리는 것도 이 때문이다. 이 같은 이 회장의 기준은 많은 것을 알고 깨달아야 회사의 비전을 설정하고 앞을 내다보는 통찰력을 가질 수 있다는 판단에서 비롯된 것이다.

1989년 무렵 이 회장은 사장단 10명, 비서실 팀장 10명과 점심식사를 하면서 당시 소병해 비서실장에게 "삼성전자가 언제쯤 이익 1조 원을 낼까요" 하고 물었다. 참석자들은 그런 황당한 질문에 다소 긴장했다. 1983년 반도체사업을 시작한 삼성은 1986년까지 누적적자가 1,300억 원에 달해 1987년쯤에는 메모리 때문에 망한다는 얘기까지 떠돌 정도였다. 그런 상황이었던지라 소 실장은 "10년 뒤쯤이면 나지 않겠습니까"라고 대답했다. 10년이란 표현은 1조 원은 생각도 못할 수치라는 얘기나 다름없었다. 그 대답을 들은 회장이 갑자기

정색을 하며 "나는 2~3년 내에 1조 원을 낼 거라고 생각합니다"라고 말했다. 그런데 실제로 1992년 삼성전자는 경상이익을 2조 원(내부판단 자료)이나 내는 성과를 올렸다.

이 같은 선견은 이 회장이 동양방송 이사 시절부터 일본 전자업체 기술자들을 보고 배우며 끊임없이 공부하고 깨달은 결과였다.

또한 이 회장은 경영자가 지녀야 할 지식의 깊이도 예사롭지 않은 수준을 요구한다. 1990년대 초 배동만 제일기획 사장이 호텔신라에 재직하던 시절 이 회장과 '도미'를 놓고 즉석 토론을 벌였던 사례를 보면 잘 알 수 있다. 이 회장이 먼저 물었다.

"도미는 어디서 나는 것이 좋습니까?"

"남해산이 최고입니다. 플랑크톤이 많고 수압, 수온이 적당하며 청정 지역이기 때문입니다."

"몇 킬로그램짜리가 가장 맛있습니까?"

"1.5킬로그램 내지 2킬로그램입니다."

"수율은 얼마입니까?"

"30~35퍼센트 수준입니다."

"열량은 얼마입니까?"

"……"

결국 배 사장의 말문이 막혔다.

이 회장은 좋은 서비스는 고객의 건강상태까지 서비스해줘야 한다며 배 사장에게 구체적인 수치까지 자세하게 알려 주었다. 아는 것만으로는 부족하며 끊임없이 혁신하고 행동으로 옮겨야 한다는 게 이 회장의 지론이었다.

관리본부장들의 강도 높은 리더 훈련

이 같은 점에서 신경영 초기 이 회장이 개혁의 첫 번째 대상으로 관리본부장들을 꼽은 것은 주목할 만하다.

'관리의 삼성'으로까지 불리는 관리 위주의 경영은 합리성, 완벽성 등 긍정적인 면이 있지만 위험을 받아들여 기회로 만드는 도전과 혁신을 가로막는 요인으로도 작용했다. 1993년 9월 이 회장은 변화 기피형이 대부분이었던 당시 관리본부장들을 '21세기 CEO 과정'이라는 테마를 앞세워 용인 연수원에 집결시켰다. 외부와의 연락도 단절시킨 채 강도 높은 훈련을 실시했다. 관리본부장들은 처음엔 몰래몰래 회사 돌아가는 상황을 체크했지만 열흘이 지나고 한 달이 지나 회사가 오히려 더 잘 돌아가자 '나는 뭔가, 내 존재는 뭔가' 하는 생각까지 들었다고 한다.

결과적으로는 관리본부장에 의존하던 많은 부하직원이 제 할 일을 제대로 파악하는 계기가 됐다. 행(行)을 이끌어 내기 위한 교육을 받은 관리본부장들은 '용(用)'과 '훈(訓)'의 의미도 깨닫게 됐다는 것이다.

이 회장이 스태프 임원들에게 필독서로 『한비자』를 권유하는 것도 이 때문이다. 『한비자』는 중국 춘추전국 시대 법가이자 사상가인 한비(韓非)가 지은 저서로 한비는 "삼류 리더는 자기 능력을 사용하고, 이류 리더는 남의 힘을 사용하고, 일류 리더는 남의 지혜를 사용한다"고 했다. 부하가 각자의 능력을 발휘하도록 하는 것이 진정한 리더십이라는 얘기다. 경영자에게는 『손자병법』, 『삼국지』, 『사서삼경』 등을 권유했으며 스태프 임원들에게는 자신의 위치가 얼마나 중요한 자리인가를 알 수 있도록 『한비자』를 권했던 것이다.

이 회장이 싫어하는 CEO의 10가지 유형

1.	양과 수치만을 중시하고 쫀쫀하게 작은 것만 챙긴다.
2.	거짓말을 한다.
3.	같은 실수를 반복한다.
4.	발상의 차원이 낮다.
5.	직함에 안주하려 한다.
6.	자기 자신에게 충성할 것을 요구한다.
7.	실패할 경우를 대비해 핑곗거리를 생각해 둔다.
8.	부하나 타인의 공적을 가로챈다.
9.	사내 정치에 정신이 팔려 있다.
10.	사람을 키우지 않는다.

　삼성의 사장단 평가는 현재 주가·이익·실책 등을 평가하는 경영 성과, 경영자의 도덕성·리더십 등을 보는 경영 능력, 핵심 인재의 확보·유지 등을 체크하는 인력·조직관리 능력 등 크게 세 부문을 평가해 100점 만점으로 점수를 매기고 있다. 그러나 점수가 조금 떨어진다고 금세 CEO의 자리가 위협받는 것은 아니다. 이 회장은 한 번 믿고 맡기면 성과의 부침에 크게 연연하지 않고 꾸준히 지켜보는 편이다. 수십 명의 사장단이 한자리에서 3~5년 이상 경영 능력을 검증받고 있다. 항상 잘할 수 있는 사람은 없으므로 장기간 다각도에서 평가해야 한다는 게 이 회장의 지론인 것이다.

　이 같은 지행용훈평이라는 실천 덕목의 바탕에는 '역사관, 역사의식'이 깔려 있다고 할 수 있다. 경영자에게 역사관이 정립되어 있으면 눈에 보이지 않는 책임까지 생각하게 되기 때문이다.

　〈비즈니스위크〉는 최근 삼성의 대표기업인 삼성전자의 성공비결로 이 회장을 정점으로 하는 CEO의 리더십을 꼽았다. 삼성의 성공은 경영진이 제대로 리더십을 발휘했기 때문에 가능했다는 것이다.

신상필 '상' 의 인재 경영

이건희 회장은 인센티브 신봉자다. 경영진에 대한 파격적인 연봉, 과감한 스톡옵션 등 인센티브는 조직 활성화와 개인의 창의력 발휘의 바탕이 된다는 신념을 가지고 있다. 그는 회사에 도움이 되는 인력에게는 비용을 아끼지 말라고 늘 주문한다. 심지어 노력했다면 비록 성과가 부진해도 인센티브를 줘야 한다는 게 그의 생각이다. 그래서 삼성에는 신상필벌(信賞必罰)에서 벌을 상으로 대체한 신상필상(信賞必賞)이 통한다.

이 회장은 취임 초기에 감사팀을 별로 탐탁지 않게 여겼다. 거래선이 몰래 책상 위에 놓고 간 구두티켓 한 장 때문에 유능한 직원을 가차없이 내보낼 정도로 엄격했던 감사팀이 성정에 맞지 않았던 것이다. 이 회장은 벌은 주되 기회도 함께 줘야 한다는 입장이었다. 물론 부정이나 똑같은 잘못을 반복한 것에 대해서 용서하지 않는다는 원칙은 있지만 무조건 윽박지르기보다 더 잘 대해주면서 용기를 북돋우면 오히려 두세 배의 효과를 거둔다는 인력 활용 전략에 더 무게중심을 두는 것이다.

그는 애성이 없으면 벌도 내리지 않는다. 벌에도 애정이라는 인센티브가 붙는다는 의미다. 이 회장 취임 초기 좌천됐다가 다시 재신임을 받은 정준명 일본삼성 사장의 경우가 그 예에 해당한다. 1997년 정 사장이 일본에 온 이 회장과 함께 저녁을 먹으러 가는 중이었다. 비서 출신인 정 사장은 차를 탈 때 버릇처럼 앞좌석으로 가려는데 이 회장이 뒷좌석에 같이 앉자고 했다. 그는 차 안에서 불쑥 정

사장의 무릎에 한손을 얹더니 "나에게 감사해야 한다" 며 "좌천하면 뭐가 달라지는지 아느냐"고 물었다.

우물쭈물하는 정 사장에게 이 회장은 "좌천하면 안 보이는 게 보이고, 보이던 게 안 보여"라는 한마디를 던졌다. 여기서 '좌천' 은 정 사장이 못 보던 것을 볼 수 있게 한 '담금질' 이었던 셈이다. 실제로 이 회장은 정 사장을 경제연구소로 내려보낼 때도 일본의 메이지유신과 개혁에 대해 공부하라고 일렀다.

이 회장이 노력하다 실패한 경영진을 직접 찾아서 격려하는 것도 여타 CEO들에게는 정신적으로 큰 인센티브가 된다. 과감한 스톡옵션 등 물질적인 인센티브 못지않게 동기 부여가 되기 때문이다.

1980년대 초 삼성엔지니어링 양인모 부회장이 삼성종합건설에서 이라크사업 본부장을 맡고 있을 때였다. 당시 이란·이라크전쟁 등으로 사업의 맥이 끊기고 미수금이 생겨 회사가 어려움에 처하게 됐다. 게다가 양 부회장은 개인적으로도 아버지는 중풍, 아내는 병간호, 아이들은 고등학교 2,3학년생으로 힘든 시기였다. 그런 양 부회장이 잠깐 귀국하면 이 회장(당시 부회장)은 그를 직접 집으로 불러 식사를 같이하며 "가족들이 힘들겠다, 특히 아내가 힘들어하지 않느냐, 이라크에서 고생 많이 한다"며 자상하게 격려해 주었다. 자율경영의 보이지 않는 무거운 책임을 지고 있는 경영진에 대한 이 회장의 세심한 배려가 잘 드러나는 사례다. 이후 양 부회장은 이라크에서 유조선 10척 분량의 원유를 받아 1억 5,000만 달러의 미수금을 해결했다.

이 회장의 '신상필상' 은 성선설에서 출발한 것으로 해석할 수 있다. 인간 존중의 철학이 인센티브 하나하나에 스며 있다는 의미다.

떠난 사람도 필요하면 재기용하라

패자 부활의 용인술

재기의 기회 준 용인술 적중

이건희 회장의 개혁 작업을 이해하는 데 빼놓을 수 없는 부문이 바로 '용인술'이다. '이건희 용인술'의 골자는 '패자 부활전'이다. 선대 이병철 회장이 토너먼트 형식으로 승자에게만 기회를 준 것과는 대조적이다.

실제로 윤종용 삼성전자 부회장, 남궁석 국회의원(전 삼성SDS 사장), 경주현 전 삼성중공업 부회장 등은 외도했다가 이 회장의 부름을 받고 다시 삼성에 복귀했던 인물이다. 반면 선대 이병철 회장의 경우는 한 번 눈 밖에 나면 어김 없이 도중하차시켰다.

삼성전자 VCR사업부장을 지냈던 윤종용 부회장은 1980년대 중반 현대전자로 자리를 옮겼다. 당시 VCR사업은 핵심사업이었지만 사업 초기 높은 불량률로 골치를 앓고 있었다. 윤 부회장은 이 일로 이병철 회장으로부터 여러 차례 지적을 받았던 것으로 알려졌다. 그가 현대로 옮기려 한다는 정보가 비서실에 포착됐다. 비서실 팀장들이 당시 상무던 윤 부회장을 만나 "라이벌 그룹으로 옮기는 것은 경솔한 행동이다. 유럽이나 미주 등 해외본부장으로 잠시 나가 있으면 안 되겠느냐"며 설득에 나섰다. 그러나 윤 상무는 주변의 간곡한 만류에도 불구하고 오너가 절대적인 힘을 발휘하는 상황에서 오너의 신뢰를 받지 못하면 희망이 없는 것 아니냐며 현대전자로 옮겼다가 네덜란드 필립스 본사로 다시 이적했다.

이건희 회장은 1987년 회장 취임 후 VCR를 살리려면 윤종용 상무가 필요하니 그를 다시 불러들이라고 비서실에 지시했다. '한 번 떠난 사람은 절대 다시 받지 않는다'는 선대 회장의 용인술에 익숙했던 스태프진은 아연실색하지 않을 수 없었다. 결국 윤 상무는 복귀했고 이후 스트레스로 탈모증에 시달릴 정도로 각고의 노력을 했다. 그는 마침내 VCR 부문을 정상화시켰다. 그는 1997년 IMF를 맞아 성공적인 구조조정으로 삼성전자를 한 단계 끌어올리는 데 큰 역할을 해냄으로써 결국 이 회장의 용인술이 적중했음을 입증했다.

또한 윤 부회장이 복귀한 뒤 새벽품질시장을 열게 됐다. 새벽품질시장은 당시 현대전자가 불량률을 줄이기 위해 부실 부품을 납품한 협력사 사장들을 초청해 불량품을 사가게 했던 것을 벤치마킹한 것이다.

남궁석 의원의 경우도 마찬가지다. 그는 중앙일보 기획실장을 거쳐 1975년 삼성전자로 옮겨 관리본부장, 영업본부장 등을 지냈다. 1975년은 삼성이 '금성사(현 LG전자)'에 도전장을 내밀면서 가전시장의 경쟁이 치열하던 때였다. 남궁 의원은 영업본부장 시절 금성사와의 과당경쟁으로 대리점 재고가 쌓이면서 실적이 부진하자 선대 회장으로부터 여러 차례 질책을 받았다.

1978년 마켓셰어 경쟁에서 금성사를 누르고 가전의 상징이던 TV 시장에서 1위를 차지했다. 그런데 1979년부터 불황이 닥쳤다. 생산 직원들이 할 일 없어 공장 잔디밭에서 잡초를 뽑을 정도였다. 월 300억 원에 달하던 매출액이 40억 원대로 뚝 떨어졌다. 대리점엔 재고가 쌓여 가고 물류 비용이 눈덩이처럼 불어났다. 당연히 선대 회장으로부터 대리점 관리를 제대로 하지 못한다는 질책이 쏟아졌다. 결국 이를 견디다 못한 당시 남궁 상무는 1982년 미국 유학을 결심하고 이건희 부회장을 찾아가 보고했다. 그 자리에서 남궁 상무가 외국어 공부나 하고 오겠다고 말하자 이 회장은 '가서 사람 공부나 실컷 하고 돌아오라'며 그를 떠나 보냈다.

남궁 상무는 2년 간의 외유 끝에 돌아와 삼성의료기기 사업을 맡았다. 삼성의료기기는 삼성전자와 GE가 합작한 회사로 사내 벤처를 분사시킨 형태인데다 사업규모 자체도 미미했다. 결국 그는 의료기기 사업에 매력을 느끼지 못했을 뿐 아니라 경영층의 신뢰가 없다고 보고 1986년 사표를 내고 현대전자로 옮겼다.

그러던 중 1993년 9월 20일 이 회장이 그를 찾았고 결국 삼성SDS 사장으로 복귀했다. 당시 이 회장의 호출을 받고 그를 찾은 남궁 사장에게 이 회장은 이렇게 말했다.

"상사가 떠나면 부하들이 상사의 잘못된 점을 찾아내 그를 흠집내는 게 세상사인데 5년 동안 당신을 폄하하는 사람이 아무도 없었다. 또 현대에서 삼성을 비판했다는 소리도 들어보지 못했다. 다시 같이 일해 보자."

남궁 사장은 그룹의 정보화를 위해 매진하다가 1998년 정통부 장관에 임명됐는데 이 회장은 이때 "남궁석을 정부에 꿔준다"고 표현할 정도로 그에 대한 신뢰감을 보였다.

꺼진 불도 다시 보는 인재경영

삼성을 떠난 인사들이 좀처럼 '친정'을 비난하지 않는 전통은 이 회장의 용인술과도 무관하지 않다.

경주현 전 삼성중공업 부회장도 1987년부터 1991년까지 롯데그룹으로 외도를 했다가 이 회장의 권유로 삼성에 복귀한 경우다. 경 전 부회장은 38세 때부터 제일제당의 대표이사를 맡는 등 고 이병철 회장 시절 이수빈 현 삼성사회봉사단장과 함께 '회장의 오른팔'로 통했던 인물이다. 이 회장은 1991년 삼성종합화학 대산단지 준공 등 그룹의 기계, 화학 계열사들을 총괄해야 할 인물이 필요하다고 보고 경 전 부회장을 불러들였다.

다른 그룹으로 외도를 하지 않았지만 중도하차했던 여러 명의 CEO들이 이 회장의 호출을 받고 현직으로 복귀하기도 했다.

임경춘 전 삼성자동차 회장은 지난 1991년 삼성데이타시스템(현 삼성SDS) 고문으로 사실상 은퇴했으나 1992년 삼성전자 도쿄 주재 사장으로 화려하게 복귀해 자동차 사업을 총괄했었다.

현명관 전경련 부회장도 삼성시계 사장으로 좌천됐다가 그룹 비서실장까지 오른 대표적인 경우다. 현 부회장은 감사원에 근무하다가 1970년대 중반 한솔제지 관리부장으로 삼성호에 합류한 뒤 10여 년간 호텔신라 관리 부문에 근무했다. 당시 호텔신라는 이 회장의 누나 이인희 한솔그룹 고문이 관장했다. 이 회장은 호텔신라가 해외에 적극적으로 진출해야 하는데 국내에만 안주하고 있다며 내심 불만을 가져 왔다.

1990년대 초 한솔이 분가하면서 호텔신라는 이 회장 '직영체제'로 바뀌었고 현 부회장은 삼성시계 사장으로 옮겼다. 형식상 승진이었지만 내용은 좌천이었다. 주위에서는 이구동성으로 그만두라는 메시지로 해석했다. 삼성시계는 당시 중소기업들의 거센 도전으로 엄청난 적자 상태에 처해 있었다. 노사분규의 메카이던 창원에 공장이 있다보니 직원들이 노동운동에 뛰어들기도 했다. 한마디로 삼성의 골칫거리였으며 퇴출 대상이었다.

현 사장은 삼성시계 본사를 태평로 삼성 본관에서 성남으로 옮기고 웃돈을 받고 창원공장을 삼성항공의 성남공장과 맞바꾸는 등 대대적인 구조조정을 단행했다. 500여 명이 넘는 생산직원을 영업직으로 돌렸다. 현 사장은 이수빈 당시 비서실장에게 보고하고 기술제휴선이던 세이코와의 로열티도 깎았다.

1992년 가을 승지원에서 사장단 회의가 열렸다. 삼성시계의 구조조정이 단연 화제였다. 이 회장은 3시간 가운데 1시간 30분 가량을 구조조정을 화두로 현 사장과 대화했다. 이 회장은 1993년 LA 전자 사장단 회의에 현 사장을 참석시키도록 비서실에 지시했다. 당시 회의 성격상 삼성시계 사장이 참석할 필요가 없었는데도 이 회장은 그를 부른 것이다. 현 사장은 같은 해 삼성건설 사장으로 옮겨 구포 열차 사고를 수습하며 그해 10월 비서실장으로 전격 발탁됐다. 바로 이를 두고 삼성 주변에서는 '꺼진 불도 다시 봐야 한다'는 속담이 유행하기도 했다.

떠난 인물을 다시 기용하는 이 회장의 용인술에는 1석4조의 효과가 있다. 기존 조직에 긴장감을 불어넣는다는 점, 복귀한 CEO는 열정을 바쳐 업무를 추진한다는 점, 다른 그룹에서 배웠던 노하우도 얻게 된다는 점, 또 삼성을 떠난 사람들이 친정을 욕하지 않는 부수효과도 거둔다는 점이 그것이다.

삼성과 현대의 스카우트 전쟁 | 김광호 전 삼성전자 부회장 |

1980년대 중반, 삼성과 현대의 스카우트전이 대통령의 특별지시에 따라 국무회의 의제로 오른 적이 있었다.

1985년 김광호 당시 삼성 반도체통신 전무는 현대로부터 스카우트 제의를 받고 이적을 결심한다. 고(故) 정몽헌 현대 회장이 전자사업을 신규 사업으로 지목하고 현대전자를 설립하면서 현대에는 우수 인력이 절실했던 상황이었다.

김 전무는 삼성 반도체 모태인 부천 페어차일드 공장장을 역임하는 등 삼성 반도체사업을 총괄했던 인물로 당시 그는 고 이병철 회장이 자신을 탐탁지 않게 여기고 있다고 판단하고 있었다. 반도체사업을 성공적으로 착근시켜 그룹의 수종사업으로 삼으려 했던 고 이 회장은 사업추진이 제대로 되지 않자 김 전무에 대한 불신을 여러 차례 드러냈다.

비서실에서는 김 전무를 부사장으로 승진시키고자 여러 차례 고 이 회장에게 건의했지만 묵살됐다. 김 전무는 선대 회장이 자신을 불신하고 있다는 사실을 알았고 이때 현대로부터 스카우트 제의를 받았던 것이다. 비서실에서는 서둘러 김 전무의 이적설 정보를 파악한 뒤 고 이 회장에게 보고하고 김 전무를 부사장으로 승진시켰다. 하지만 김 전무는 승진 인사 일주일 만에 현대로 옮기고 말았다.

당시 반도체사업을 신규사업으로 추진 중이던 현대가 김 전무의 스카우트에 필사적이었던 것은 당연한 일이었다. 이건희 당시 부회장은 김 전무가 현대로 갈 경우 고급 정보가 유출되며 김 전무는 삼성에 반드시 필요한 사람이라며 부친을 설득했던 것으로 알려졌다. 비서실에서도 비슷한 취지의 보고서를 회장실에 올렸다.

고 이 회장은 이즈음 전두환 대통령과 면담할 기회를 갖게 되었는데, 이 자리에서 슬쩍 스카우트 문제를 꺼냈다. 당시는 재벌총수와 대통령 간의 면담이 자주 이뤄지던 시절이었다. 대통령은 김 전무 스카우트와 관련된 내막을 알아보고는 총리에게 지시해 국무회의에서 부당 스카우트 방지 등 제도적인 대책을 마련토록 지시했다.

청와대 고위관계자는 당시 현대 정주영 회장에게 전화를 걸어 김 전무의 스카우트에 대한 삼성의 불만사항을 전달했다. 그 때문인지 김 전무는 이적 보름 만에 삼성으로 복귀했다. 선대 회장과 이건희 회장의 용인술이 대조적으로 드러나는 이 사건을 계기로 삼성에서는 떠난 자라도 필요하면 언제든지 다시 부른다는 인재경영 방식이 관례가 되었다.

인재양성과 기술중시의 현장

삼성인력개발원·삼성종합기술원

세계 최대 인프라 갖춘 인재 교육의 장

2002년 5월 삼성그룹의 용인연수원을 찾은 일본 산요의 최고경영자 이우에 사토시 회장은 자신들이 삼성에 진 이유를 깨닫게 됐다. 이우에 회장을 수행하던 4, 5명의 산요 측 인사들도 적잖이 놀라는 표정이었다. 그들은 고인수 당시 삼성인력개발원장(현 성균관대 상임이사 및 부사장)으로부터 삼성의 인재양성 체계에 대한 소개를 듣고 연수원 건물인 '창조관'을 둘러봤다.

산요 경영진은 삼성 성공의 기틀이 26박 27일 동안 강도 높게 펼쳐지는 삼성의 신입사원 입문교육, 600여 개의 콘텐츠가 구비된 온라인 교육 등 사원들의 교육을 통한 인재개발에 있었음을 확인했던 것이다.

30여 년 전 이우에 회장은 삼성전자의 모체인 삼성과 산요의 합작회사(삼성산요파츠)를 만들기 위해 일본 측 책임자로 매주 한국 출장을 왔었다. 삼성은 산요의 도움으로 전자사업을 시작할 수 있었다. 산요가 없었다면 오늘의 삼성이 없다고 해도 과언이 아닐 것이다.

이번 이우에 회장의 방문도 이건희 회장이 그때의 고마움에 대한 보답 차원에서 이뤄진 것으로 삼성의 전세기를 일본에 보내 그들을 모셔오는 성의까지 보였다.

실제 삼성이 인재 교육을 중시하는 경향은 이 회장의 취임 후 첫 지시가 '제2연수원(현 창조관) 건립'이었다는 점에서도 드러난다. 고 이병철 회장의 49제를 치른 직후 제2연수원 건립에 대한 첫 보고가 있었다. 이후 고 이 회장이 지은 호암관은 외국어생활관으로, 창조관은 그룹 핵심 인재 양성교육관으로 이용되는 등 바야흐로 삼성은 전체 13개 연구소에서 하루 3,700여 명이 동시에 교육받을 수 있는 세계 최대의 인프라를 갖추게 됐다.

이 회장은 기업이 인재를 양성하지 않는 것은 일종의 죄악이라는 생각을 가지고 있다. 따라서 그는 삼성이 인재들의 창조적 능력이 맘껏 발휘되는 두뇌 천국이 되기를 기대하고 있다.

이우에 회장은 사실 그 즈음에 삼성의 성장 근원을 찾기 위해 고심했던 것으로 보인다. 이우에 회장은 한국 방문 한 달 전인 2002년 4월 도쿄에 있는 일본삼성 사무실에 예고 없이 들르기도 했다. 이에 대해 방상원 일본삼성 상무는 "산요가 기반기술 면에서 삼성보다 월등함에도 불구하고 삼성에게 뭔가 배우려는 모습에서 일본 기업의 저력이 느껴졌다"고 말했다.

그해 10월 일본 산요그룹의 인력개발기관인 산요HRS는 크레듀에서 삼성의 관리능력 프로그램 등 경영교육 콘텐츠를 사 갔다. 삼성인력개발원에서 지난 2000년 분사한 크레듀는 사이버 공간을 통해 삼성의 교육콘텐츠를 판매하는 회사다.

삼성도 산요처럼 선진기업에 대한 인재양성 프로그램 벤치마킹에 적극적이다. 2002년에는 미국 GE의 크로톤빌연수원 프로그램을 벤치마킹해 고참 부장급을 대상으로 한 핵심 인력 과정을 신설했다. 삼성은 경영층을 대상으로 이론과 현실을 접목시키는 교육방식 등 크로톤빌연수원식 프로그램을 적용한 교육 과정도 만들 예정이다. 삼성의 교육체계는 장기적이고 미래를 대비한 사전 교육의 경향이 강한데 반해, GE는 실전 대비 훈련을 중요시한다는 점에 착안, GE를 벤치마킹하되 온라인 교육, 집합 교육 등 삼성의 강점을 살리는 방향으로 교육이 이루어질 계획이다.

그룹의 경영철학, 핵심가치를 공유하고 능력을 배양하는 교육의 첫 걸음은 현실을 직시하도록 하는 것이다. 현실을 알게 되면 위기의식은 저절로 따라오게 된다는 것이다.

이 회장은 '네가 알고 있는 것은 허무맹랑한 것'이니 '항상 깨어 있으라(Be alert)'고 주문하며 임직원들을 더욱 격려한다. 여기서 'Be alert'의 의미는 항상 적절한 수준의 긴장감을 갖고 있어야 한다는 뜻이라고 해석할 수 있다. 이 회장이 깨어 있음의 의미를 설명하며 예로 든 사람은 일본 오쿠라 호텔의 서비스맨이다. 1991년 초 이 회장은 오쿠라 호텔 신관 로비에 있다가 재미있는 장면을 목격했다. 한 서비스맨이 엘리베이터 앞을 지나가다가 저 멀리서 손님이 들어오는 모습을 보자마자 엘리베이터를 준비시켜 놓고 가는 게 아닌가. 별다른 행동이 아닌 것처럼 보이지만 이 같은 행동 속에는 일정 수준의 긴장감, 위기의식이 깔려 있다는 것이 이 회장의 생각이다. 결국 위기의식을 갖느냐 갖지 않느냐는 점이 혁신에 있어서 가장 중요하다는 것이다.

삼성그룹의 인재 교육 총본산인 삼성인력개발원에 원장이 없는 것도 그룹 임직원에게 긴장감, 위기의식을 심어 주려는 의도일지도 모른다. 1982년 고 이병철 회장 시절 종합연수원인 호암관을 개관한 이래 원장 자리는 늘 비어 있었다. 상징적인 공석으로 부원장이 실질적인 원장의 업무를 맡고 있다.

그 이유에 대해서는 여러 설이 있지만 김수근 삼성인력개발원 부원장은 "선대 회장이 '인력개발원의 원장은 나'라고 말한 바가 있어 공식 직함이 부여되지는 않지만 그룹의 회장이 원장으로 통하고 있다"고 설명했다. 기업의 가장 중요한 부문인 인재양성은 그룹 전체를 책임지는 회장이 맡아야 한다는 철학이 공석으로 남겨둔 이유라는 것이다.

기술중시 경영이 반영된 연구·개발의 산실

직원 3명 가운데 1명꼴로 회사를 떠나게 만든 광풍이 몰아치던 IMF 외환위기 때도 삼성그룹의 중앙연구소인 삼성종합기술원(이하 기술원)엔 바람 한 점 불지 않았다.

1996년 660명이던 기술원 인력은 1997년엔 680명, 1998년엔 580명(생명과학연구소 연구인력 이관 100명을 포함하면 680명), 1999년엔 560명, 2000년엔 600명, 2001년엔 800명(삼성전자 중앙연구소 연구인력 전입 200명), 2002년엔 850명……. 1998년 한 해에만 52개의 기업연구소가 폐쇄됐고 연구원들은 당장의 성과가 없다는 이유로 구조조정의 1호 대상으로 지목되던 시절에 기술원이 '외환위기의 무풍지대'가 될 수 있었던 이유는 뭘까. 당시 원장이었던 임관 기술원 회장은 그 이유를 한마디로 뿌리내린 기술과 기술인력을 중시한 경영관에 있다고 말한다.

이 회장은 연구·개발을 보험에 비유했다. "연구·개발을 제대로 하지 않는 것은 농부가 배고프다고 뿌릴 종자를 먹는 행위와 같다"고 강조한 것이다. 1993년 신경영 선언 직후 기술원은 설립(1987년)

이래 처음으로 그룹의 경영진단을 받았다. 당시 기술원은 그룹 안팎에서 '뭐하는 곳인지 모르겠다'는 비판을 받자 단기 성과 위주의 연구를 주로 하는 바람에 미래 씨앗사업을 위한 연구가 제대로 이뤄지지 않는 실정이었다.

1993년 1월 전자 계열 사장단 회의, 이 회장이 그룹 내 여러 업종의 업에 대해 개념을 설명하는 자리였다. 이 회장은 기술원에 대해 이렇게 얘기했다.

"기술원은 아무 것도 안 하고 한없이 게으름을 피울 수 있는 업종이다. 하지만 이렇게 되면 3~5년 후 그룹 전체 차원에서 몇천억 원, 몇조 원의 기회손실이 생길 것이다."

기술원이 그룹의 미래를 먹여살릴 기술을 연구하는 본연의 업무에 충실하기 위해서는 리더의 역할이 중요했다. 이 회장은 유능한 기술원장을 초빙하라고 지시했다. 여러 사람이 원장 후보로 올랐지만 뽑을 만한 사람은 없었다. 1993년 말부터 1995년 말까지 2년간이나 기술원장 자리는 공석이었다. 그러던 차에 비서실 인사팀에서는 미국 아이오와주립대에서 공대학장까지 지냈던 임관 교수를 발견하게 됐다. 삼고초려 끝에 임 교수를 기술원장으로 데려왔고 회장이 '좋은 사람 뽑았다'며 직접 면담하고 격려까지 했다.

미국 유학생들의 좌장격이었던 임 교수의 영입은 삼성이 이공계 우수 유학파 인력들을 유치하는 데 결정적인 역할을 했다. 임관 이 사장은 삼성 입사를 '세렌디피티(Serendipity, 운수좋은 뜻밖의 발견)'라고 표현한다.

1995년 여름 박재명 상무가 미국에 있는 임관 교수를 찾아갔다. 그는 IBM에 잠깐 근무한 것을 제외하면 기업경험이 거의 없어 선택을 망설일 수밖에 없었다. 그때 박 상무로부터 이 회장이 신경영 선언 당시 한 말을 녹음한 테이프를 건네받았다. 그는 기술중시 등 회장의 경영관에 깊은 인상을 받고 미국의 영년직(永年職)을 포기하고 삼성에서 일해 보기로 결심했다.

  이 회장의 기술중시 경영철학은 엔지니어 중용에서도 그대로 드러난다. 이 회장 취임 이후 강진구 - 김광호- 윤종용으로 이어지는 삼성전자의 수장(首長)은 모두 공학도 출신의 엔지니어다. 또한 강 전 회장과, 김 전 회장, 임경춘 전 회장 등은 모두 동양방송 기술자 출신으로 삼성전자에서 중역을 지내며 끝까지 중용됐다. 그들은 동양방송 출범 당시 정부가 달러를 통제해 방송장비를 수입할 수 없게 되자 KBS에 가서 카메라를 분해해 회로를 스케치하고 세운상가 등에서 부품을 모으는 등 우여곡절 끝에 제때 방송을 시작하게 만든 장본인들이었다. 이 회장은 이런 과정을 지켜보면서 기술의 중요성을 인식했던 것이다.

  이 회장 취임 이후는 기술중시 경영풍토를 정착시키는 과정이었다고 해도 과언이 아니다. 기술중시 경영은 기술인력을 존중해 주는 것에서 출발한다. 연구개발비를 매출액의 10퍼센트까지 끌어올리라고 하고 연구원에게 연구수당을 추가로 지급한 것 등이 좋은 사례다.

5

일류를 넘어 존경받는 기업으로

한 방향으로 나아가라

개혁 10년을 돌아보며

끊임없이 진화하는 삼성의 내일

1992년 말에서 1993년 초 사이 이건희 회장의 얼굴에는 불안감이 떠나지 않았고 혼자 고민하는 시간도 그만큼 많았다. 이대로 가다간 그룹이 삼류, 사류 기업으로 전락하게 되고 종국에는 이름마저 없어지는 꼴이 되지 않을까 늘 노심초사하던 때였다.

그러던 어느 날, 한 행사장으로 향하는 이 회장을 수행하던 정준명 당시 비서팀장(현 일본삼성 사장)이 고민하는 이 회장에게 '혁명적인 방법'을 사용하라고 권했다. 그러자 이 회장은 벌컥 화를 내며 이렇게 말했다.

"뭐라고, 혁명? 모든 것을 다 부정하는 혁명적인 방법 말인가? 정 팀장, 이제까지 옆에서 도대체 뭘 봤나? 말이 된다고 생각해?"

정 사장의 기억 속에 그날처럼 이 회장이 화를 낸 적이 없었다. 다급한 마음에 정 팀장은 말을 주워담으려고 "취소하겠습니다"라고 말했다.

"취소라니? 취소가지고선 안 돼. 정 팀장 머릿속에 있는 그런 생각들을 완전히 버리게."

이 회장은 화를 내면서도 정 팀장에게 한 가지 숙제를 던졌다. 혁신, 개혁이 혁명과 다르지만 왜 모두 '혁(革)'자가 들어가는

지를 공부해 보라는 것이었다. 정 사장은 그후 답을 찾았다. 'revolution(혁명)'이란 말에서 'r'을 빼면 'evolution(진화)'이 되니 '삼성은 지금 신경영으로 진화하고 있다'는 것이었다.

세계 경제·경영 환경의 변화 속에서 살아남기 위한 변화의 체득 과정이 신경영이었고 신경영을 통해 진화하고 경제·경영의 변화 속에서도 살아남았다는 얘기다.

신경영이 무엇보다 돋보이는 점은 '1990년대 초 세계 일류 기업'이라는 진화의 변곡점과 방향성을 제때에 제대로 잡았다는 것이다. 신경영 선언 직전인 1990년 초 유럽을 방문, 독일 지멘스 그룹의 회장과 면담을 마치고 나오던 이 회장이 수행 중이던 양해경 당시 삼성물산 프랑크푸르트 지사장(현 삼성전자 구주전략본부장·부사장)에게 불쑥 "삼성의 강점이 뭐라고 생각하나"라고 물었다.

양 부사장은 언뜻 머릿속에 떠오르는 "인재, 관리능력, 기술 개발……" 등의 말을 꺼냈다. 그러자 회장은 고개를 가로저으며 영 아니라는 표정을 지었다. 그러면서 회장은 "집합하라면 임원들이 바로 다 모일 수 있는 조직의 힘이야. 오늘 만난 P회장도 회장 되고 가장 큰 희망이 전 임원이 빠짐없이 한자리에 모여 보는 것이라고 하더군. 한자리에 모여야 총체적인 방향도 의논하고 현안도 의논할 수 있지"라고 말했다. 이 회장이 당시 삼성의 강점으로 꼽은 것은 '한 방향으로 나가는 조직의 힘'이었다.

호텔로 돌아와서도 삼성의 내일에 대한 고민으로 밤늦게까지 토론이 이어졌다.

"이런 힘이 있을 때 우리가 일류 대열로 가는 기회를 잡지 않으면 삼류에서 벗어날 수 없어요. 앞으로 다양한 목소리가 복합적으로

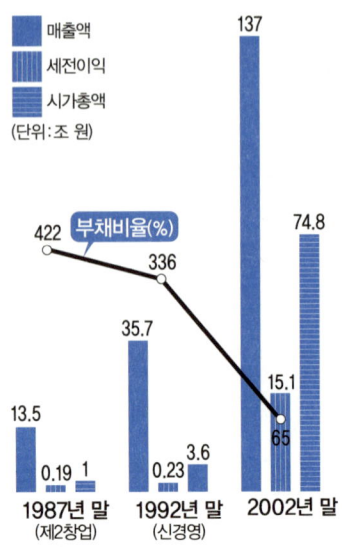

이 회장 취임 후 삼성그룹 실적 추이

나타나는 시대가 곧 올 겁니다. 그때는 일류가 되고 싶어도 될 수 없어요."

이 회장은 국민소득 1만 달러가 목표였던 1990년대 초반의 국가, 사회적 환경을 도약의 호기로 판단했었다. 방향과 시점을 잘 잡은 '진화'를 통해 지난 10년간 삼성은 매출액 4배(35조 7억→137조 원), 세전이익 66배(2,300억→15조 1,000억 원), 시가총액 21배(3조 6,000억 →74조 8,000억 원)라는 탁월한 성과를 올리게 됐다. 삼성의 간판기업인 삼성전자는 시가총액에서 이미 소니를 앞지른 지 오래다. 삼성전자는 2002년 10월부터 시가총액이 역전되기 시작하여 일본 소니

삼성식 경영의 8대 성공요인

의 39조 원대(335억 달러)를 훨씬 넘는 70조 원대에 육박하고 있을 정도다. 더구나 수치로 드러나는 것보다 세계 일류가 될 수 있다는 자신감과 같은 무형 자산을 키웠다는 점이 높이 평가받고 있다.

조영호 아주대 교수는 "신경영 이후 삼성의 변화는 사람의 의식과 기업문화에서 두드러지게 나타났다"면서 "1990년대 초반에 한국의 각 기업들이 변화해야겠다는 생각들은 다 가지고 있었지만 실천하지 못했던 반면 삼성은 오랫동안 일관성 있게 개혁을 추진한 것이 차이점"이라고 말했다.

삼성 경영진은 대부분 일관성 있는 개혁을 꾸준히 밀고 나갈 수 있었던 것은 기득권을 포기했기 때문이라고 말한다. 변화가 실패하는 것은 기득권을 가진 당사자들이 바뀌지 않으려고 하는 데 가장 큰 원인이 있는데, 삼성은 기득권의 포기와 희생을 통해 변화를 해보니 좋았고 그걸 반복하다 보니 개혁이 된 것이라는 설명이다. 조직 전체가 가지고 있는 기득권의 포기는 '우린 이류'라는 걸 인정하는 데서 비롯됐다.

뉴리더로의 패러다임 구축

지난 10년간의 변화 축적으로 이룩한 개혁을 통해 신경영 선포 당시 꿈처럼만 보였던 일류 기업이라는 목표가 이제 현실로 다가왔지만 아직 삼성 앞에 놓인 과제는 적지 않은 게 사실이다. 이제까지는 선진기업을 따라가는 추종자로도 충분했지만 앞으로는 시장을 선도해 나가는 힘이 필요하다. 이른바 리더의 고민이다. 따라간 다음에는 시장을 리드해야 하는데 1등이 된 뒤 리드하려면 어디로 갈지 모르기 때문에 지금부터 일하는 패러다임이 달라져야 한다는 의미다.

산업적으로 시장을 리드하면서도 사회적으로는 다른 기업들을 아우를 수 있어야 진정한 개혁이 이뤄질 것이라는 지적도 있다.

전용욱 중앙대 교수는 "삼성은 자신의 혁신에 많은 외부 이해관계자들의 동참을 유도해야 하며 외부로부터의 고언과 질책, 격려와 칭찬 등 관심을 갖는 이해관계자의 적극적인 동참이 있을 때 삼성의 노력이 기업 차원에 그치는 것이 아니라 국가 차원으로 올라갈 것"이라고 주문한다.

외부에서 가장 유심히 지켜보고 있는 것 가운데 하나가 삼성의 지배 구조 문제다. 시민단체 등에서는 오너 체제에 대한 의구심을 떨

쳐버리지 못하고 있는 것이 사실이다.

이우희 에스원 사장은 이에 대해 "옛날에 좋은 지배 구조를 가진 기업으로 일컬어졌던 Y사는 지난 십수 년간 하나도 성장하지 않았지만 삼성은 큰 이익을 냄으로써 세금 많이 내고 고용도 많이 했다"며 "오너 체제니 전문경영인 체제니 하는 것들에 대한 획일적인 잣대를 경계해야 마땅하다"고 말했다.

조영호 교수는 로버트 레버링과 함께 미국에서 4년간 현장조사와 연구를 통해 가장 훌륭한 100대 기업을 발표했던 모스코비치가 이건희 회장이 이병철 회장과는 다른 전문경영인적 요소가 많았듯이 이재용 상무도 프로페셔널리즘이 커질 것이라고 지적한 일례를 든다. 이 상무의 프로페셔널리즘은 게이오대, 하버드대 등의 유학으로 커진 국제적인 역량과 기술 및 현장을 중시하는 경영의 전문성으로 분석되고 있다.

조 교수는 "지배 구조는 사회적인 현상이어서 어떤 이론으로도 이쪽이 좋다, 저쪽이 좋다 결단을 내릴 수 없다"면서 "(삼성의 경우) 가족 오너가 프로페셔널화되지 않겠느냐"는 견해를 보였다.

2003년 6월 신경영 선언 10주년을 기념해 삼성 CEO들이 다 모인 자리에서 이 회장은 신경영 2기를 선언하며 '가장 존경받는 기업'이라는 삼성 진화의 새로운 방향을 설정했다. 삼성이 과연 어떤 모습으로 진화해 나갈지 국내는 물론 세계 시장은 예의 주시하고 있다.

혁신과 인재 중시의 경영 마인드

이재용 상무의 후계수업

국내 기업체 대주주들의 지분 정보를 제공하는 〈에퀴터블〉은 2003년 10월호에서 10대 그룹 가운데 차세대 경영체제를 이룩한 곳은 삼성이 유일하다는 내용을 발표했다. 실제로 이 회장의 장남인 이재용 삼성전자 상무는 삼성 지주회사격인 삼성에버랜드의 최대 지분을 확보, 에버랜드→삼성생명→삼성전자→기타 관계사로 이어지는 경영 체제를 보이고 있다. 현재로서는 그가 경영 일선에 언제 나설지를 예상하기란 쉽지 않다. 그러나 삼성의 미래를 가늠하는 데 무엇보다 이 상무의 행보에 관심이 집중되는 것만은 사실이다.

경영수업 중인 이 상무가 가장 관심을 보이고 있는 부문은 '경영혁신'이다. 이 상무는 2002년 삼성전자에서 GE의 경영혁신 도구인 6시그마 교육을 임원과 간부들이 듣지 않는다는 소식을 전해듣고 솔선수범해서 교육을 받았다고 한다. 2003년 4월엔 도요타의 경영혁신 방법인 도요타 생산방식(TPS)을 배우기 위해 일본 연수를 다녀오면서 삼성전자 내에 TPS 배우기 열풍을 일으키기도 했다. 또한 같은 해 5월 이 상무는 삼성종합기술원에 6시그마 전문가인 GE의 쿠차 씨가 온다는 얘기를 듣고 다른 일정을 모두 제쳐놓고 그를 만날 정도로 배우려는 열의가 대단한 인물이다.

이 상무가 시스템LSI에 깊은 관심을 나타내고 있는 것도 기술혁신을 통한 독보적인 기술 확보가 중요하다는 맥락에서 이해할 수 있다. 그는 시스템LSI 사업을 가장 잘 이해할 뿐만 아니라 디테일한 수준까지 알고 있으며, 특히 스마트 모바일 디바이스에 큰 관심을 두고 있다고 한다. 이 상무의 이런 관심은 인텔이나 퀄컴 등처럼 독보적인 칩 하나로 시장을 선도하는 사업 부문의 탄생을 선도하겠다는 의지로 이해할 수 있다.

한편, 이 상무는 기술과 함께 삼성의 한 축을 이루는 인재에 대해서도 큰 관심을 갖고 있다. 그런 관심은 이건희장학재단의 이사로 참여, 국가를 위한 천재급 인력 양성에 남다른 열의를 보이는 것에서 드러난다. 게다가 이공계 기피문제는 그룹의 사활이 걸린 문제라고 걱정할 만큼 인재에 대한 그의 각별한 관심은 부친과 진배없다는 평가를 받고 있다.

정보화를 통한 부가가치 창출도 이 상무의 관심거리이자 걱정거리다. 이 회장이 구축해 놓은 정보화의 토대 위에 수익으로 연결되는 부가가치라는 열매를 맺기 위해서는 사내외의 활발한 네트워크를 주도해야 하기 때문이다.

부친 이 회장을 보는 듯한 '열정'과 '집념'에다 '글로벌 마인드'를 갖춘 이 상무가 앞으로 어떤 색깔을 나타낼지 기대를 모으고 있다. 현재 위기에 처한 기업들을 살펴보면 그 기업의 오늘을 있게 만든 과거의 성공에 집착하고 있는 것을 발견할 수 있다. '혁신은 과거의 성공에 기대지 않고 패러다임의 전환을 꾀하는 것'이라는 관점에서 볼 때 삼성의 혁신은 차별화를 모색하는 이 상무의 첫 걸음이라는 점을 시사하고 있다.

내가 본 이건희 회장

과묵함 속의 촌철살인

| 강영훈 전 총리 |
이 회장은 안하는 듯하면서 다 하는 스타일

강 전 총리는 "국민소득 2만 달러 달성을 위해서는 삼성과 같은 세계적 기업이 7, 8개가 나와야 한다"며 "삼성의 성장에는 이 회장의 리더십이 큰 역할을 했다"고 분석했다.

이 회장의 경쟁력에 대해 강 전 총리는 선대 이병철 회장의 교육이 밑받침됐다고 평가하면서 이 회장이 일본 와세다대 상과, 미국 조지워싱턴대 경영대학원 등을 거치면서 국제화 마인드를 키운 것도 선대 회장의 경영자 양성 프로그램의 일환이었을 것이라고 말했다.

1980년대 선대 이병철 회장과 골프를 자주 쳤다는 강 전 총리는 그때마다 이 회장의 경영수업에 대해 선대 회장의 관심이 높았던 것으로 기억한다고 말했다. 그는 이어 이 회장이 동양방송, 중앙일보 이사로 삼성에 몸담은 것도 매우 의미 있는 경영수업이었으며 미디어 회사에 근무하면서 한국, 나아가 세계를 조망할 수 있는 시야를 가질 수 있었을 것이라고 덧붙였다.

1998년 이재용 상무 결혼식 주례를 맡았던 강 전 총리는 "삼성이 정경유착으로 성장했거나 이 회장 오너 일가와 관련된 도덕적 흠집이 있었다면 주례 요청을 거절했을 것"이라고 귀띔했다. 그와 함께 삼성의 무노조 신화에 대해 거론하면서 이는 이 회장의 인간 존중 철학에 근거한 것으로 삼성은 부의 사회환원에 가장 적극적이라고 평가했다.

강 전 총리가 지난 1998년 사회복지공동모금회 초대회장으로 취임했을 당시 모금활동에 어려움이 있다는 사실을 보고받은 이 회장은 100억 원을 기꺼이 쾌척했으며, 대한적십자사 행사 등에도 삼성의 지원이 여러 차례 있었다고 말했다. 그러면서 삼성 계열사들은 각급 책임자에게 전결권을 주고 있으며 이런 기업문화로 인해 업무 스피드가 높아지는 게 아니냐고 분석했다. 그런 의미에서 이 회장을 "아무 것도 하지 않고 있으나 모두 다하고 있는 사람"이라고 평가했다.

이 회장이 정치에 뜻을 뒀다면 성공할 수 있었겠느냐는 질문에 "난장판인 우리 정치판에 이 회장 스타일은 어울리지 않는다"면서 "정치보다는 기업을 키우는 게 우리나라를 위한 큰 정치"라고 말해 강 전 총리의 이 회장에 대한 인간적 신뢰를 드러냈다.

| 박용성 대한상의 회장 |
방향만 잡아 제시하는 현대형 지장(智將)

박용성 대한상의 회장(두산중공업 회장)은 최근 회사의 미래 청사진에 대한 왓슨와이어트 사의 컨설팅 결과를 보고받았다. 왓슨 리포트의 요지는 '오너 경영의 가장 모범적인 사례는 삼성그룹이며 삼성이 가장 이상적인 오너경영 방향으로 가고 있다'는 것이었다고 한다. 한마디로 '삼성을 그대로 따라하라'는 것이었다.

박 회장은 "삼성은 이건희 회장이 현장에서 한발 뒤로 물러나 큰 전략을 만들어 제시하고 각 관계사 CEO들이 그 전략을 실전에서 펼친 뒤 성과에 따른 보상과 책임 추궁이 확실하다"면서 "우리가 가야 할 길이라고 본다"고 말했다.

박 회장은 이 회장을 '지장(智將)'이라고 평한다. 리더 타입 면에서 덕장(德將)과 용장(勇將)보다는 지장에 가까운 사람이라는 것이다. 그리고 지장은 현대 사회에서 가장 필요로 하는 리더라는 게 박 회장의 견해다.

"덕으로 조직원을 아무리 잘 추스리고 난국을 돌파하는 용맹스러움을 가지면 뭘합니까. 방향 한번 잘못 잡으면 그 회사는 바로 망해요. 회장이 선두에 나서서 '나를 따르라'고 한 그룹은 모두 망했습니다. 지금은 그런 리더십이 필요한 시기가 아닙니다."

경제 규모가 커진 오늘날엔 오너가 모든 것을 일일이 이끌 순 없고 미래의 트렌드를 잘 파악해 전략적 방향만 제시하면 된다는 게 박 회장의 말뜻이다.

이 회장이 취임 이후 얘기한 한마디 한마디가 삼성그룹이 나아가는 전략 방향을 제시한 것이었고 그 방향에 맞춰 삼성이 조직적 힘을 모았기에 오늘날의 삼성이 있었다는 것이다. 과묵하고 나서기를 싫어하는 이 회장의 '인비저블 맨(Invisible man)' 스타일이 현대 경영에 좀더 근접하다는 얘기로도 들린다.

박 회장은 또 이 회장의 맺고 끝는 것이 분명한 과단성도 오늘의 삼성을 만든 또 하나의 요인으로 파악하고 있다.

"삼성은 성과에 대한 보상도 확실히 하고 있지만 잘못에 대한 책임을 묻는 것도 확실합니다. 기업경영을 해보면 알겠지만 그건 정말 어려워요. 자동차만 해도 그래요. 자동차를 계속한다는 결정과 접는다는 결정은 종이 한 장 차입니다. 또한 사업을 결정하는 과단성을 보면 선대 회장에게서 경영 테크닉을 그대로 전수받은 것 같은 생각이 들어요."

　박 회장이 보기에 '삼성'만한 교본은 없다. 우리 현실에 뿌리를 둔 기업이 우리 현실에 맞춰 성공했기 때문이다.

| 이우에 사토시 산요전기 회장 |
일본이 배워야 할 삼성의 경영 노하우

산요전기의 이우에 회장은 이건희 삼성 회장과 30여 년 넘게 교분을 쌓아 오고 있다. 이우에 회장은 지난 1968년 이병철 선대 회장과 자신의 부친인 이우에 도시오 창업자가 의기 투합해 한국 전자산업 발전을 위해 '삼성Sanyo'를 설립했다고 소개했다. 이우에 회장은 당시 해외사업본부장으로 이건희 회장과 인연을 맺게 됐다.

　이 회장의 어떤 점이 가장 인상깊게 남느냐는 질문에 이우에 회장은 주저없이 종업원을 소중히 여기는 경영철학이라고 말하면서 "최근 삼성이 급성장한 최대 요인도 바로 '인재'에 기인한다"고 평가했다.

　이우에 회장은 2002년 이 회장 초청으로 서울을 방문할 당시 이 회장이 '삼성이 산요로부터 여러 가지 도움을 받았다'면서 전세기를 내주는 등 극진한 대접을 받아 그가 은혜와 의리를 중시하는 기업가라는 인상을 받았다고 말했다.

　그는 이 회장의 최대 장점으로 혜안을 키우기 위해 끊임없이 사색하는 것이라고 평가했다. 이우에 회장은 삼성이 비약적인 발전을 이룬 데는 이 회장의 경영철학인 '경영의 스피드와 인사의 공정성'이 바탕이 됐다고 분석하면서 산요도 이를 배우고 있다고 덧붙였다.

　지장, 덕장, 용장 가운데 이 회장은 어느 쪽에 가깝느냐는 질문에 이우에 회장은 "용장 밑에는 약졸이 없고 덕장 밑에는 배신자가 없고 또 지장 밑에는 잔꾀 부리는 사람이 없다"고 설명하면서 이 회장은 이런 부문을 두루 갖췄다고 말했다. 그 중에서도 지장의 측면이 강하다는 점을 들었다.

한편 이우에 회장은 몇 해 전에 이 회장과 면담할 때 "한국은 금속제 식기를 사용하기 때문에 떨어뜨려도 깨지지 않지만 일본은 도자기를 쓰기 때문에 물건을 소중히 하는 생활문화가 형성됐다. 거기서부터 제조에 대한 자세에 차이가 난다"는 이 회장의 말을 듣고 그가 일본 문화에 대한 이해도가 깊다는 인상을 받았다고 말했다.

이 회장에게 일본은 경쟁과 협력의 상대로서 항상 많은 것을 암시하고 느끼게 해 주며 좋든 나쁘든 미래의 길을 보여주는 존재로 인식되고 있다고 덧붙였다. 이우에 회장은 지금은 거꾸로 일본 기업이 삼성에서 배워야 할 것이 많아졌다며 일본 기업도 삼성을 자극제로 삼아야 한다고 말했다.

| 이경숙 숙명여대 총장 |
원칙과 기본을 중시하는 사려 깊은 철학자

이경숙 숙명여대 총장의 뇌리에 이건희 회장의 이미지는 '사려 깊은 철학자 이건희'다. 그간 이리저리 스치며 인사를 나누곤 했지만 정식으로 두 사람이 만나게 된 건 2002년 삼성이건희장학재단이 출범하면서다. 이 총장은 재단의 심사위원장으로 위촉되면서 2002년 9월 승지원으로 이 회장의 초대를 받았다. 이 회장이 먼저 이 총장에게 말을 건넸다.

"일주일 전부터 숙명여대를 위해 무슨 아이디어가 없나, 도와줄 수 있는 방법이 없나 구상했습니다."

그러나 그 목소리가 어색하지 않고 처음부터 진심을 갖고 얘기하는 것처럼 느껴진 것은 이 회장의 나직한 음성 때문만은 아니었다고 이 총장은 전했다.

"1년에 우리나라 여성 지도자급이 될 수 있는 10명을 발굴, 키워내는 게 어떻습니까. 그것이 숙명여대를 다르게 만들 것입니다."

그때 이 총장은 두 번 놀랐다고 한다. 이 회장이 만나는 수많은 사람 가운데 한 사람인 자신, 그리고 자신이 속한 기관의 발전방향을 일주일 내내 고민한 사려 깊음이 그 하나고, 이 회장이 일주일 만에 생각해낸 방안의 절묘함이 또 하나의 놀라움이었다.

사실 이 총장은 근 10년간의 고민 끝에 숙명여대를 한 단계 업그레이드시킬 방안으로 여성 리더 양성 프로그램을 생각하고 있던 터였다. 이 회장의 조언으로 이 총장은 이를 바로 실현에 옮길 용기를 얻었다고 한다.

2003년부터 숙명여대는 20명의 리더 후보를 뽑아 1학기 동안 멘토(경험 있고 믿을 수 있는 조언자) 프로그램을 받게 한 뒤 8월에는 미국 워싱턴으로 리더십 훈련을 보냈다. 2004년 신입생부터는 20명의 여성 지도자 후보를 뽑아 장학금을 주는 등 리더를 만드는 작업을 할 것이라고 이 총장은 밝혔다.

이 총장은 또 한 가지 인상 깊었던 점으로 그날 만찬에 들어가기 전에는 삼성의 이건희라는 기업가를 만나는 줄 알았는데 끝날 시점에선 철학자 이건희와 만나고 나오는 느낌이었다는 것을 꼽았다.

"원칙과 기본을 상당히 중요시한다는 인상을 받았습니다. 돈을 못 버는 한이 있어도 인간 존중, 사회봉사 등 기본가치를 먼저 내세울

분이라는 생각이 들었습니다. 마치 철학자와 얘기를 나누는 것 같았어요."

이후 수차례 이 회장을 만났지만 그날의 인상이 한 번도 흐트러진 적은 없다고 이 총장은 말했다.

이 총장은 그의 여성에 대한 가치관도 기억에 남는다고 했다. 이 회장은 여성이건 남성이건 사람을 존중한다는 차원이지 여성만 더 대우해 준다는 차원은 아닌 것 같다는 인상을 받았다는 것이다. 그러면서 이렇게 덧붙였다.

"삼성이 여성인력 30퍼센트를 채용한다고 하더군요. 그건 이 회장이 통찰력과 선견력이 있기 때문에 가능한 게 아닐까요."

삼성 개혁의 용어들

한 조직의 용어를 통일하는 것은 그 구성원의 사고와 행동을 하나로 하는 데 매우 중요한 역할을 한다. 그 조직이 추구하는 방향이나 가치관을 언어를 통해 서로 전달하기 때문이다. '삼성인의 용어'는 21세기 세계 초일류기업이라는 삼성의 비전을 실현하는 데 필수적인 기능을 하고, 삼성인 모두 한마음으로 한 방향으로 가게 하는 징검다리 역할을 하고 있다. 삼성 신경영의 실천적 도구인 이 용어들을 통해 우리는 신경영의 핵심내용과 이건희 회장의 경영철학은 물론, 지금 우리가 삼성을 통해 무엇을 배워야 하고 왜 배워야 하는지에 대해 쉽게 이해하고 실천할 수 있을 것이다.

공격형 관리 | 공부하는 관리, 효율을 생각하는 관리

과거에는 성장 일변도였기 때문에 수비형 관리만으로도 충분했으나 지금처럼 기업 환경이 급변하는 상황에서는 지시·통제·간섭 위주의 수비형 관리로는 치열한 경쟁에서 결코 이길 수 없다. 왜 차질이 생기는지, 대책은 무엇인지를 따지기보다 내가 도와줄 것이 무엇인지, 필요한 것이 무엇인지를 생각하는 공격적인 관리로 전환해야 한다. 이렇게 하려면 자기 분야뿐만 아니라 기획·생산·판매·제조·기술에 이르기까지 모든 내용을 파악하고 있어야 한다. 즉, 공부하고 실력을 키워야 한다는 뜻이다.

구매의 예술화 | 검사 없는 구매, 협력업체의 중요성

사후 검사에 필요한 자금과 인력을 사전에 투입해서라도 검사 없는 구매 체제를 확립할 수 있다면, 적어도 A/S 감소에 따른 비용 절감과 기업 이미지를 제고하는 일석이조의 효과를 얻을 수 있다. 더구나 그룹의 주력 업종이 조립양산업인 점을 감안하면 협력업체의 중요성은 더욱 커진다. 따라서 협력업체와는 예술 차원으로까지 관계를 끌어올려야 한다. 이렇게 하려면 담당자가 협력업체에 대해 정통해야 하고, 회사에서도 자금·기술·관리 등 경영 전반에 대해 적극적으로 지원하면서 삼성 가족의 일원으로 대해야 한다.

기록문화 | 삼성의 기록은 녹음으로

일본이나 유럽의 50년된 회사와 5년된 회사의 차이가 무엇일까? 바로 '과거의 데이터' 차이다. 그들은 기록과 역사 그리고 그 분석을 중요시 한다는 것이다. 하지만 이제부터 해도 늦지 않다. 모든 것을

기록으로 남기고, 주변에 무수히 널려 있는 정보를 모으고 분석하는 시스템을 하루바삐 구축해야 한다. 펜뿐만 아니라, 효율을 전제로 한다면 녹음기도 있고 VTR이나 35밀리미터 필름도 있다. 다만 그룹 전체에 기록문화가 정착할 때까지는 기록 수단을 '녹음'으로 정해서 회의 보고는 녹음 테이프로, 평가도 녹음 내용에 근거해서 하자는 것이다. 당장 분석까지는 못하더라도 각 부서, 각 회사, 해외 각 지점에 널려 있는 수많은 정보를 충분히 모아야 하고, 이를 생활화해야 한다.

기업경영과 전략경영 | 기회선점, 비전 수립과 실현

기업경영이란 남보다 먼저 사업 기회를 포착해서 우위를 확보하는 것을 말한다. 미래의 경영 환경 변화와 우리가 갖고 있는 경쟁력을 철저히 분석해서 남보다 먼저 기회를 선점하면 그것이 곧 경쟁우위가 되는 것이다. 반면에 기회를 잃어버리면 경쟁사가 선점할 것이고 이렇게 되면 단순히 놓친 기회보다 훨씬 큰 타격이 되어 돌아온다.

또한 초일류기업이 되기 위해 반드시 추진해야 할 것이 전략경영이다. 전략경영이란 미래에 대한 비전을 명확히 설정하고, 이를 달성하기 위해 지금 무엇을 해야 하는지에 대한 계획을 수립하여 실천하는 것을 말한다. 기회경영에 실패하면 손실의 부담은 크더라도 또 다른 기회를 모색할 수 있지만 전략경영에 실패하면 생존조차 위협받게 된다.

정확한 미래 예측으로 새로운 사업 기회를 찾아내는 기회경영, 환경 변화에 따라 업의 개념을 발전시켜 가면서 발전적인 비전을 세우고 실현해 가는 전략경영, 이 두 가지야말로 초일류기업으로 진입하는

데 꼭 필요한 것들이다. 이러한 기회경영과 전략경영을 하기 위해서는 끊임없이 환경의 변화와 흐름을 읽고 기회를 찾아내는 한편, 과감하게 투자할 수 있는 모험정신을 갖추어야 한다.

당근론 | 삼성인의 상벌 기준

〈벤허〉라는 영화에 말이 끄는 전차 경주가 나온다. 이 경기 장면을 자세히 보면 벤허와 멧살라의 말을 모는 스타일이 전혀 다르다. 멧살라는 채찍으로 강하게 후려치면서 달리는 반면, 벤허는 채찍 없이 몰아 승리한다. 2급 조련사와 특급 조련사의 경기인 것이다. 특히 벤허는 경기 전날 밤 네 마리의 말을 한 마리씩 어루만져 주면서 사랑을 베풀고 용기를 북돋워 준다.

삼성에서는 이제부터 잘하는 사람에게 상은 주지만, 못하는 사람이라고 해서 벌을 주지는 않을 것이다. 왜냐하면 우수한 사람들에게는 벌이 필요없기 때문이다. 잘하는 사람이 더 잘할 수 있도록 해주기만 하면 된다.

돌다리와 나무다리 | 도전의 시대, 남보다 먼저 해야 성공한다

'돌다리도 두드려 보고 건너라.' 리스크를 최소화해서 신중히 기업을 경영해야 한다는 말이다. 지금까지 거의 모든 경영자들은 이 말처럼 행동하는 것을 미덕으로 여겨 왔다. 그러나 이러한 사고방식은 기업 환경의 변화가 그다지 크지 않았고 만들기만 하면 팔리던 생산자 중심의 시대에서나 통하던 것이다. 지금은 '누가 먼저, 남이 안 한 것을 시작하는가' 하는 것이 경쟁력의 관건이다. 이제는 돌다리가 아니라, 나무다리라도 있으면 건너가야 한다. 그것도 뛰어서 남보다 먼저 가야 한다. 그런 만큼 남보다 앞서 생각하고 빨리 결정해야 한다. 물론 이렇게 하다 보면 실수도 있게 마련인데, 과거처럼 무조건 책임을 지게 해서는 안 된다. 책임만 강조하다 보면 아무도 시도하지 않을 것이기 때문이다. 그렇다고 무모한 모험을 해야 한다는 것은 아니다. 나무다리를 건너더라도 그것이 '다리'라는 확신을 가질 수 있도록 나름대로 조사하고 분석해 본 다음 뛰어서 건너야 한다는 것이다.

바람직한 경영자상 | 경영자는 종합예술가

경영은 하나의 종합예술이다. 급변하는 기업 환경을 극복하고 기업을 경영하는 주체는 어디까지나 사람이며, 그중에서도 가장 중요한 것이 최고경영자다. 훌륭한 경영자가 되려면 여러 가지 조건이 필요하지만 우선 중장기적으로 명확한 목표와 비전을 제시하고 아랫사람들이 스스로 따라오게 만드는 리더로서의 인격을 갖추어야 한다. 또한 경영에 필요한 많은 정보를 수집하고 분석하여 신속한 의사결정을 할 수 있는 통찰력과 결단력이 있어야 한다. 또한 경영자는 단순히 월급을 받는 의미의 전문경영인이 아니라, 평생직장의 개념으로 자율경영을 실천하는 진정한 프로가 되어야 한다.

삼성인의 긍지 | 겸손하지만 결코 비굴하지 않게

삼성 신경영의 최종 목표는 세계 초일류기업이 되는 것이다. 이 목표를 달성하기 위해서 과거를 반성하고 나부터 변하겠다는 다짐을 해야 한다. 또한 삼성의 자랑스러운 전통과 선배들의 빛나는 업적도 잊지 말아야 한다. 삼성은 우수한 인재들의 집단이며, 지난 20년 동안 1,000배의 성장을 이룩한 저력을 가지고 있을 뿐 아니라 한국을 대표하는 기업이다. 이러한 사실을 늘 기억하고 삼성인다운 긍지를 지녀야 한다. 그러나 내실 없는 긍지는 허세에 지나지 않는다. 임직원 각자가 삼성의 자랑스러운 전통과 명성에 걸맞은 실력을 갖추어야 한다.

세계 어느 나라에 가서 누구를 만나더라도 자랑스러운 삼성의 일원임을 잊지 말고, 겸손하지만 결코 비굴하지 않게 행동해야 한다. 거래상대와 협상하는 과정에서도 무조건 머리를 숙이고 들어가면 안 된다. 모두가 삼성인다운 긍지와 자부심 그리고 미래에 대한 확신을 가지고 한 방향으로 나아갈 때, 세계 초일류기업으로 가는 우리의 목표는 반드시 달성할 수 있을 것이다.

삼성의 3대 스포츠 | 골프·야구·럭비

삼성의 3대 스포츠는 골프·야구·럭비다. 골프에서는 룰과 에티켓과 자율을, 야구에서는 스타 플레이어와 캐처의 정신을, 럭비에서는 투지를 배울 수 있다. 심판이 없는 스포츠는 골프밖에 없다. 이것은 곧 자율과 직결된다. 룰을 자기 스스로 지키는 것이다. 양심에 맡기는 것이다. 그래서 골프의 첫 단계는 에티켓과 룰을 배우는 것이다. 누가 안 보더라도 자신이 어떤 자세로 살아야 하는지부터 시작해서 남에게 어떻게 해야 하는가 등을 배우는 것이 바로 골프다.

야구는 자율적으로 움직이기도 하지만 감독의 명령을 받아야 할 때도 있기 때문에 기업경영 활동과 비슷한 점이 많다. 뛰어난 실력을 발휘하는 스타 플레이어와 이를 뒷받침하는 풍토, 그리고 더 중요한 것은 말없이 숨어서 고생하면서도 표내지 않는 캐처의 정신, 이것을 야구에서 배워야 한다. 럭비는 눈 오고, 비 오고, 반 홍수가 나도 중

지하지 않고 계속 끌고 나가는 특성이 있다. 밀고 나가는 투지와 추진력, 강력한 단결력, 순간적인 판단력이 요구되는 것이 럭비다. 럭비에서는 격변기에 필요한 강인한 정신력을 배워야 한다.

삼성헌법 | 인간미 · 도덕성 · 예의범절 · 에티켓

일류가 되려면 인간미와 도덕성을 회복하고, 예의범절과 에티켓을 준수해야 한다. 그것은 일류가 되기 위해서뿐만 아니라 올바로 사는 길이기 때문이다. 예로부터 우리는 인간미가 있고 도덕과 예의범절을 지켜온 민족임에도 불구하고 암울한 시기를 거치면서 모르는 사이에 인간미와 도덕성의 불감증에 걸리게 되었다. 이제부터는 우리 사회, 우리 조직에 만연된 불감증을 바로잡는 한편, 국제화의 시대적 흐름에 적응하기 위한 에티켓을 알고 지켜가는 일이 무엇보다 시급하다. 이런 뜻에서 인간미 · 도덕성 · 예의범절 · 에티켓은 삼성인이 모두 반드시 지켜야 할 약속이자 '삼성헌법'이다. 이제 우리는 모든 행동의 바탕을 삼성헌법에 두고 이를 소중히 지킴으로써, 역사와 지역을 초월해서 인류에게 도움이 되는 진정한 의미의 세계 초일류 기업이 되어야 한다.

삼위일체론 | 국민 · 정부 · 기업의 협력과 역할 분담

이제 기업 혼자의 힘으로는 국제 경쟁력을 갖추기가 어렵게 되었다. 또한 국제화가 진전됨에 따라 우리나라도 전면적으로 개방할 수밖에 없기 때문에 현재 우리나라 기업 수준에서 세계 일류 회사들과 일대일로 맞붙어 경쟁하려면 기업의 힘만으로 벅차다는 것을 더욱 절감하게 된다.

기업에 대한 국민의 이해와 함께, 정부가 기업을 살리고 키워야겠다는 의지가 중요하다. 더욱이 지금은 이데올로기의 퇴조와 함께 '경제력의 시대'로 넘어가는 과정에 있기 때문에 국가의 힘도 결국은 경제력을 바탕으로 평가되게 마련이다. 따라서 국가 경쟁력을 키우려면 국민·정부·기업이 삼위일체가 되어 힘을 합쳐서 협력하고 역할을 분담해 나가야 한다. 정부는 정책을 통해서, 국민은 따뜻한 이해와 격려를 통해서 기업을 뒷받침해 주고, 기업은 좋은 물건을 빨리 값싸게 만들어서 세계 시장에 내다 팔고 여기서 얻은 이윤을 국민과 사회를 위해서 쓰겠다는 자세를 갖추어야 한다.

양적 사고 | 양적 사고를 버려야 한다

1970년대 초에는 물자 부족으로 무조건 만들기만 하면 팔렸다. 그래서 어떻게든 많이 만들면 되었고 이러다 보니 양이라는 것이 모든 사람들의 의식에 깊이 뿌리박히게 되었다. 그러나 이제는 양이 최고인 시대는 지났다. 지금은 얼마나 많이 만드느냐 하는 단계를 지나, 얼마나 부가가치가 높은 제품을 만들어 내느냐 하는 것이 기업의 경쟁력을 결정짓는다. 오로지 양에만 사로잡힌 의식을 깨지 않으면, 기업의 발전은 물론 개인의 인생까지도 퇴보한다는 걸 명심해야 한다.

여성인력의 활용 | 여성의 중요성을 인식하자

이제 기업에서도 여성을 이해하지 않으면 살아남기 힘들게 되었다. 지금까지 남성만이 할 수 있는 일이라고 생각해 온 분야에도 이제는 여성들이 거의 다 진출했다. 더구나 섬세하고 감각적인 면에서는 여성이 남성보다 더 큰 능력을 발휘할 수 있다. 이처럼 여성의 구매력이 커지고 기업에서도 여성이 더 잘할 수 있는 일이 늘어나고 있다. 고객으로서의 여성에 대한 연구를 하지 않고, 많은 장점을 지닌 여성을 활용하지 못한다면, 그만큼 기업의 성과는 떨어질 수밖에 없으며 국가적으로도 큰 손실을 가져오게 된다.

영화감상법 | 입체적 사고를 기른다

영화를 감상할 때는 대개 주연의 입장에서 보게 된다. 여기에 흠뻑 빠지다 보면 주인공인 양 착각도 하고, 주인공의 애환에 따라 울고 웃기도 한다. 그런데 스스로를 조연이라 생각하면서 영화를 보면 전혀 색다른 느낌을 받을 수 있다. 나아가서 주연, 조연뿐 아니라 등장인물 각자의 처지에서 보면, 영화에 나오는 모든 사람들의 인생까지도 느끼게 된다. 등장인물들의 인생관이 느껴지고 작가의 철학을 알 수 있게 되는 것이다. 그렇게 두루 생각하면서 영화를 보다 보면 영화의 재미가 점점 커져 평면 스크린에 비치는 영화가 입체영화로 보이게 된다. 영화를 제대로 감상함으로써 입체적인 사고를 훈련하게 된다. 이렇게 입체적으로 생각하는 습관을 들이게 되면 음악을 들을 때도, 미술 작품을 감상할 때도, 또 일을 할 때도 새로운 차원에서 할 수 있게 된다.

종합기술자 | 만능 박사는 아니라도 관련 기술은 다 알아야 한다

예전에는 기술자가 자기 전문 분야에만 정통하면 되었으나 앞으로는 종합적인 사고 능력을 갖추고 다른 분야까지 폭넓게 알아야 한다. 잘 팔릴 상품을 어떻게 하면 불량을 내지 않고 싸게 만들어 많은 이익을 낼 수 있는지를 연구해서 해결하는 종합기술자가 되어야 한

다. 유능한 기술자가 되려면 우선 자기 분야의 기술 핵심을 정확히 알고 변화의 추세도 파악하고 있어야 하며, '내가 제일이다'라는 사고방식에서 벗어나 자기의 약점과 강점을 분명히 알아야 한다. 그리고 기술 고문에게 배울 때에도 겨우 일부를 알고 나서 '다 알았다'고 생각하거나 조금 안다고 자기 고집대로 해서는 안 된다. 결국, 지금의 기술자는 만능 박사까지는 아니더라도 자기 분야와 관련된 기술은 다 알고 있어야 하며, 항상 고객의 입장에서 생각하고 업무에 반영하는 종합기술자가 되어야 한다.

초일류기업 | 가장 좋게, 가장 빠르게, 가장 싸게

초일류기업이란 기업다운 기업, 기업 본연의 모습에 충실한 기업을 말한다. 기업은 본질적으로 경제 행위 집단으로서 국민경제에 기여하고 국가의 재력을 뒷받침하며, 더 나아가서 인류사회에 공헌할 사명이 있다. 이 사명을 다하기 위해 무엇보다 중요한 것은 제품과 서비스를 가장 좋게, 가장 빠르게, 가장 싸게 공급하는 것이다. 건전한 기업 이념을 바탕으로 한 바람직한 문화 없이는 이러한 사명을 다할 수 없다.

초일류기업이 되려면 모든 삼성인이 인간미, 도덕성과 함께 한국인다운 예의범절, 국제인의 에티켓을 갖추고 세계와 미래를 바라보며 크게 생각하는 자세를 지녀야 한다. 그래야만 고객과 사회와 인류에 진정으로 공헌하면서 세계를 무대로 최고의 제품을 만들어 낼 수 있다.

최고의 효율을 바탕으로 최고의 제품과 서비스를 빨리 값싸게 만들어 내면, 국제적인 경쟁력도 생기고 세계의 고객들이 그렇게 좋은 물건을 만들어 낸 삼성과 삼성인에게 고맙다고 말하게 될 것이다. 그렇게 해서 얻은 이익은 임직원들에게 골고루 돌아가 개인의 삶의 질이 윤택해지는 것은 물론, 국가와 인류사회를 위해 더 좋은 일을 할 수 있다. 이것이 바로 삼성이 지향하는 초일류기업의 모습이다.

프로의 개념 | 삼성인은 모두 프로가 되어야 한다

경력이 5년쯤 된다고 해서 모르는 것이 없는 양, 겉멋만 잔뜩 든 프로 행세를 하고 있지는 않은가? 자기 회사 제품에 대해서야 물론 많이 알고 있겠지만, 그 상품의 원리라든가 탄생의 배경, 상품의 원료가 된 지하자원의 세계적인 분포나 국제 시장의 가격 동향, 그 상품과 연관된 응용 제품들의 현황과 시세, 고객들의 반응 등에 대해 적어도 3박 4일쯤 쉬지 않고 설명할 만큼 전문지식을 갖고 있는가? 무엇 하나를 알더라도 기초부터 시작해서 끝까지, 완벽하게 알아낼 때까지 물고 늘어지는 것이 진정한 프로 근성이다. 업무에 관계된 것이 아니라도 매사에 호기심을 갖고 끝내 알아내고야 말겠다는 프로 근성으로 무장하면, 업무 수행에서는 물론이고 인생의 문제나 취미생활에서도 남들보다 훨씬 현명한 판단을 내릴 수 있다. 프로 근성으로 무장한 프로 인생, 세계 최고의 프로 삼성인이 되기 위해 한층 너 열심히 배우고 억척스럽게 노력해야 한다.